プリント形式のリアル過去問で本番の臨場感！

鹿児島県

志學館中等部

2025年春受験用

解答集

本書は，実物をなるべくそのままに，プリント形式で年度ごとに収録しています。
問題用紙を教科別に分けて使うことができるので，本番さながらの演習ができます。

■ 収録内容

・解答集（この冊子です）

書籍ＩＤ番号，この問題集の使い方，最新年度実物データ，リアル過去問の活用，
解答例と解説，ご使用にあたってのお願い・ご注意，お問い合わせ

・2024（令和６）年度 ～ 2021（令和３）年度　学力検査問題

JN131926

○は収録あり

年度	'24	'23	'22	'21		
■ 問題収録	○	○	○	○		
■ 解答用紙	○	○	○	○		
■ 配点				※		

算数に解説があります

※2021年度の配点は国語のみ公表
注)問題文等非掲載:2024年度国語の【二】と理科の3と社会の1，2021年度国語の【二】と社会の1

問題文などの非掲載につきまして

著作権上の都合により，本書に収録している過去入試問題の本文や図表の一部を掲載しておりません。ご不便をおかけし，誠に申し訳ございません。

本文の一部を掲載できなかったことによる国語の演習不足を補うため，論説文および小説文の演習問題のダウンロード付録があります。弊社ウェブサイトから書籍ＩＤ番号を入力してご利用ください。

なお，問題の量，形式，難易度などの傾向が，実際の入試問題と一致しない場合があります。

教英出版

■　書籍ＩＤ番号

入試に役立つダウンロード付録や学校情報などを随時更新して掲載しています。
教英出版ウェブサイトの「ご購入者様のページ」画面で，書籍ＩＤ番号を入力してご利用ください。

書籍ＩＤ番号　105446

（有効期限：2025年9月30日まで）

【入試に役立つダウンロード付録】
「要点のまとめ（国語／算数）」
「課題作文演習」ほか

■　この問題集の使い方

年度ごとにプリント形式で収録しています。針を外して教科ごとに分けて使用します。①片側，②中央のどちらかでとじてありますので，下図を参考に，問題用紙と解答用紙に分けて準備をしましょう（解答用紙がない場合もあります）。

針を外すときは，けがをしないように十分注意してください。また，針を外すと紛失しやすくなりますので気をつけましょう。

① 片側でとじてあるもの

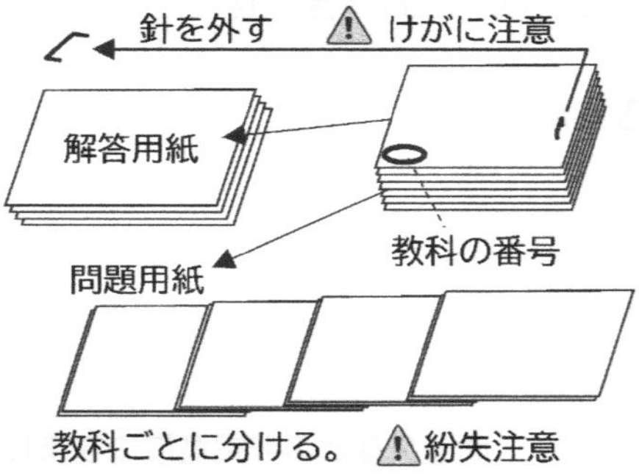

② 中央でとじてあるもの

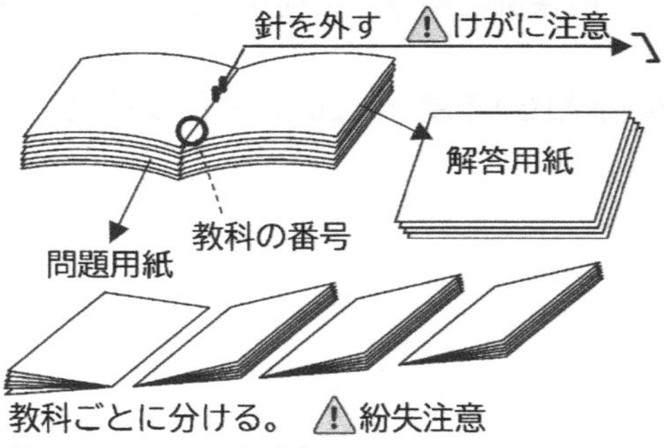

※教科数が上図と異なる場合があります。
解答用紙がない場合や，問題と一体になっている場合があります。
教科の番号は，教科ごとに分けるときの参考にしてください。

■　最新年度 実物データ

実物をなるべくそのままに編集していますが，収録の都合上，実際の試験問題とは異なる場合があります。実物のサイズ，様式は右表で確認してください。

問題用紙	Ａ４冊子（二つ折り）
解答用紙	Ａ３片面プリント 国：Ｂ４片面プリント

リアル過去問の活用

～リアル過去問なら入試本番で力を発揮することができる～

本番を体験しよう！

問題用紙の形式（縦向き／横向き），問題の配置や余白など，実物に近い紙面構成なので本番の臨場感が味わえます。まずはパラパラとめくって眺めてみてください。「これが志望校の入試問題なんだ！」と思えば入試に向けて気持ちが高まることでしょう。

入試を知ろう！

同じ教科の過去数年分の問題紙面を並べて，見比べてみましょう。

①　問題の量

毎年同じ大問数か，年によって違うのか，また全体の問題量はどのくらいか知っておきましょう。どのくらいのスピードで解けば時間内に終わるのか，大問ひとつにかけられる時間を計算してみましょう。

②　出題分野

よく出題されている分野とそうでない分野を見つけましょう。同じような問題が過去にも出題されていることに気がつくはずです。

③　出題順序

得意な分野が毎年同じ大問番号で出題されていると分かれば，本番で取りこぼさないように先回りして解答することができるでしょう。

④　解答方法

記述式か選択式か（マークシートか），見ておきましょう。記述式なら，単位まで書く必要があるかどうか，文字数はどのくらいかなど，細かいところまでチェックしておきましょう。計算過程を書く必要があるかどうかも重要です。

⑤　問題の難易度

必ず正解したい基本問題，条件や指示の読み間違いといったケアレスミスに気をつけたい問題，後回しにしたほうがいい問題などをチェックしておきましょう。

問題を解こう！

志望校の入試傾向をつかんだら，問題を何度も解いていきましょう。ほかにも問題文の独特な言いまわしや，その学校独自の答え方を発見できることもあるでしょう。オリンピックや環境問題など，話題になった出来事を毎年出題する学校だと分かれば，日頃のニュースの見かたも変わってきます。

こうして志望校の入試傾向を知り対策を立てることこそが，過去問を解く最大の理由なのです。

実力を知ろう！

過去問を解くにあたって，得点はそれほど重要ではありません。大切なのは，志望校の過去問演習を通して，苦手な教科，苦手な分野を知ることです。苦手な教科，分野が分かったら，教科書や参考書に戻って重点的に学習する時間をつくりましょう。今の自分の実力を知れば，入試本番までの勉強の道すじが見えてきます。

試験に慣れよう！

入試では時間配分も重要です。本番で時間が足りなくなってあわてないように，リアル過去問で実戦演習をして，時間配分や出題パターンに慣れておきましょう。教科ごとに気持ちを切り替える練習もしておきましょう。

心を整えよう！

入試は誰でも緊張するものです。入試前日になったら，演習をやり尽くしたリアル過去問の表紙を眺めてみましょう。問題の内容を見る必要はもうありません。どんな形式だったかな？受験番号や氏名はどこに書くのかな？…ほんの少し見ておくだけでも，志望校の入試に向けて心の準備が整うことでしょう。

そして入試本番では，見慣れた問題紙面が緊張した心を落ち着かせてくれるはずです。

※まれに入試形式を変更する学校もありますが，条件はほかの受験生も同じです。心を整えてあせらずに問題に取りかかりましょう。

2024 解答例 令和６年度　志學館中等部

《国　語》

一　問一．X．エ　Y．ウ　　問二．学校で習う教科としての「社会」。　　問三．関係のある

問四．世間…イ，エ　社会…ア，ウ　　問五．Ⅰ．一般的なルール　Ⅱ．世話好きで面倒見がいい

問六．Ⅲ．自分と関係のない「社会」の人　Ⅳ．自分と関係のない「社会」の人達との関わり方が分からず、知らない人には声をかけにくく、手を貸すことができない

問七．〈作文のポイント〉

・最初に自分の主張、立場を明確に決め、その内容に沿って書いていく。

・わかりやすい表現を心がける。自信のない表現や漢字は使わない。

さらにくわしい作文の書き方・作文例はこちら！→https://kyoei-syuppan.net/mobile/files/sakupo.html

二　問一．A．ウ　B．ア　　問二．義男さんの、飛び立つ人を見送り自分が飛ぶことを思い、心穏やかでいられない気持ち。　　問三．他愛のないこと　　問四．ア　　問五．人間はひとりぼっちではなく、翼やまいがそうだったように、自分に足りない部分は周りが助けてくれるので、がんばりすぎなくてもよいということ。

三　問一．①ふぜい　②こんりゅう　③とこなつ　　問二．①指揮　②服装　③賛辞　④頭脳　⑤著名　⑥団結　　問三．①イ　②ウ　③ア　　問四．①エ　②イ　　問五．①エ　②イ　③ア　④ウ　⑤ウ

問六．①いかなる／理由が／あっても／やりとげなければ／ならない。　②弟は／昔から／夏目漱石の／小説を／熱心に／読んでいる。　③私の／誕生日に／大好きな／チーズケーキを／母に／作ってもらった／思い出が／ある。

問七．小学校では受験勉強に集中するために、ピアノをやめてしまった。だから、中学生になったらピアノを再開し、大きなコンクールで賞をとりたい。　　問八．イ

《算　数》

1　(1)(ア)15　(イ)$3\frac{1}{6}$　(ウ)73.3　(エ)$11\frac{4}{5}$　(オ)$\frac{11}{12}$　(2)21.7　(3)18，40　(4)59　(5)3　(6)89　(7)150　(8)60.56

2　(1)3000　(2)63000　(3)49600

3　(1)ウ　(2)5　(3)13　(4)7

4　(1)2.5　(2)4　(3)$3\frac{5}{6}$　(4)5.25

5　(1)2　(2)1.5　(3)6　(4)48

《理　科》

1　問1．ウ　　問2．エ　　問3．ウ　　問4．ウ　　問5．ア
問6．西　　問7．イ　　問8．⑴ダンゴムシ，ザリガニ　⑵B
問9．⑴エ　⑵イ，ウ

2　問1．種子　　問2．A．デンプン　B．ヨウ素液　　問3．ア
問4．右図　　問5．卵と精子が結びつくこと。
問6．温度が低いほど，水にとけやすい。　　問7．右図

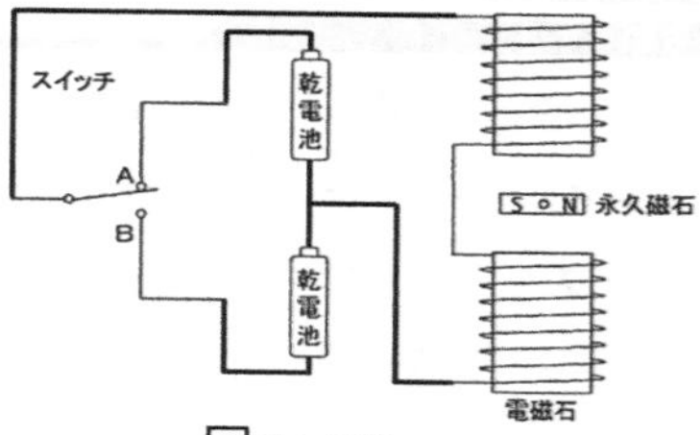

2問4の図

3　問1．⑴天敵から見つかりにくくなる。　⑵ア，ウ
問2．1244　　問3．右グラフ　　問4．エ
問5．(ア)7.5　(イ)32.5　　問6．大陸から吹き出た風が日本海の上空を通るときに，水蒸気を多く含み湿潤な空気となる。その空気がY山脈にぶつかって上昇すると，雲ができて雪を降らせるため，Y山脈をこえて吹きおりる空気は乾燥していて，Y山脈をこえる前の空気の温度より高くなるので，Xの地域ではフェーン現象が起こる。

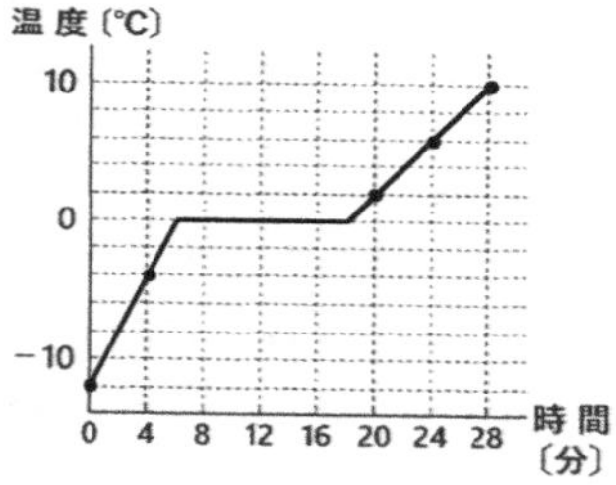

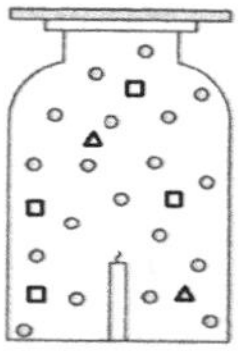

2問7の図

《社　会》

1　問1．ウ　　問2．い　　問3．D／尖閣諸島　　問4．領海を除く沿岸から２００海里以内で，水産資源や鉱産資源を沿岸国が利用できる水域。　　問5．フードマイレージ　　問6．C．阪神／⑥　D．中京／①
F．京浜／⑦　　問7．産出が少なく，多くを輸入に頼る天然資源や，輸出する製品の船での輸送に便利だから。
問8．①B　②C　③A　④E　⑤D

2　問1．行政　　問2．A．ウ　D．オ　　問3．エ　　問4．閣議　　問5．①気象　②法務　③文部科学
問6．食品ロス　　問7．火災　　問8．オーバー

3　問1．⑴A　⑵B　　問2．ア　　問3．キ

4　問1．聖武　　問2．渡来人　　問3．ウ　　問4．源頼朝　　問5．承久の乱　　問6．奉公　　問7．ウ
問8．フランシスコ＝ザビエル　　問9．イエズス　　問10．江戸　　問11．参勤交代　　問12．お供の人数を減らすことで，藩の出費を抑えるように指示しているため。　　問13．肥料や農具の改良。　　問14．商品として販売して現金を得るため。　　問15．新田開発に江戸の有力商人らの協力をうながすこと。　　問16．イ
問17．日米修好通商条約　　問18．領事裁判権〔別解〕治外法権

2024 算数解説 ＞ 志學館中等部
令和6年度

1 (1)(ア)　与式＝12＋3＝**15**

(イ)　与式＝$\frac{23}{3}-\frac{9}{2}=\frac{46}{6}-\frac{27}{6}=\frac{19}{6}=$**$3\frac{1}{6}$**

(ウ)　与式＝12.4＋60.9＝**73.3**

(エ)　与式＝$12-\frac{5}{18}\times\frac{9}{25}\times2=12-\frac{1}{5}=11\frac{5}{5}-\frac{1}{5}=$**$11\frac{4}{5}$**

(オ)　与式＝$\frac{1}{14}\times(\frac{3}{2}-\frac{1}{3})+\frac{5}{6}=\frac{1}{14}\times(\frac{9}{6}-\frac{2}{6})+\frac{5}{6}=\frac{1}{14}\times\frac{7}{6}+\frac{5}{6}=\frac{1}{12}+\frac{5}{6}=\frac{1}{12}+\frac{10}{12}=$**$\frac{11}{12}$**

(2)　**【解き方】食塩を加えても，水の量は変わらない。**

13%の食塩水180gには，180×0.13＝23.4(g)の食塩がふくまれる。よって，この食塩水に食塩を20g加えたときの濃度《のうど》は，$\frac{23.4+20}{180+20}\times100=$**21.7**(%)になる。

(3)　イヌもネコもかっていない児童は5人だから，ネコをかっている児童は45－5＝40(人)以下である。

また，イヌをかっていない児童は45－22＝23(人)であり，このうち，ネコをかっている児童は23－5＝18(人)だから，ネコをかっている児童は**18**人以上**40**人以下である。

(4)　**【解き方】(平均点)×(人数)＝(合計点)である。**

40人の合計点は56.75×40＝2270(点)，男子18人の合計点は54×18＝972(点)だから，女子40－18＝22(人)の合計点は2270－972＝1298(点)である。よって，女子の平均点は1298÷22＝**59**(点)

(5)　どの2枚を取り出しても合計金額は異なるから，取り出さない1枚の決め方を考えればよいので，**3**通りある。

(6)　**【解き方】4で割ると1余り，3で割ると2余る整数に7を足した整数は，4でも3でも割り切れる。**

4でも3でも割り切れる整数は，4と3の最小公倍数12の倍数である。12の倍数のうち，3桁で最も小さいものは12×9＝108であり，108－7＝101は3桁だから条件に合わない。よって，求める整数は101－12＝**89**である。

(7)　**【解き方】正方形ABCDは2つの正三角形とそれぞれ1辺を共有するから，長さが等しい。**

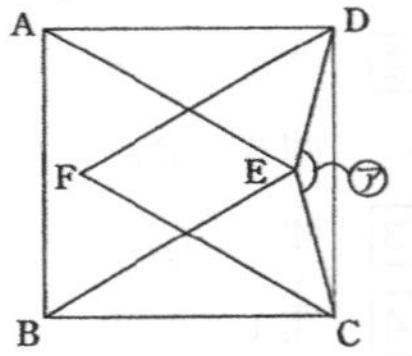

三角形ADEはAD＝AEの二等辺三角形であり，角DAE＝角DAB－角EAB＝90°－60°＝30°だから，角AED＝(180°－30°)÷2＝75°である。

同様に，角BEC＝75°だから，角㋐＝360°－(75°×2＋60°)＝**150°**

(8)　**【解き方】円が通った部分は右図の色つき部分である。**

円の直径は1×2＝2(cm)だから，求める面積は，縦の長さが2cm，横の長さがそれぞれ6cm，8cm，10cmの長方形の面積と，半径2cmのおうぎ形3つの面積の和である。この3つのおうぎ形をつなげると，半径2cmの円になるから，色つき部分の面積は，2×(6＋8＋10)＋2×2×3.14＝**60.56**(cm²)である。

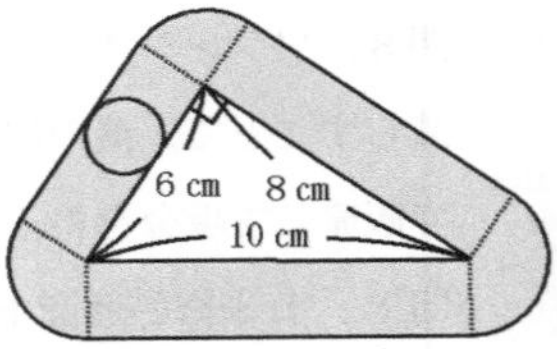

2 (1)　先月もらったポイントは，8000÷100×5＋20000÷100×10＋60000÷100＝**3000**(ポイント)

(2)　**【解き方】(1)をふまえる。ポイントを利用した場合，品物の金額からポイントの金額を引いて，支払った金額に対してポイントがもらえることに気をつける。**

Aさんが5日に買い物をした後のポイントは，(1)より，3000ポイントになった。もらえるポイントが通常の日にこの品物を3000ポイントだけ使って買うと，3000÷5＝600(ポイント)もらえる。よって，この品物の金額は600×100＋3000＝**63000**(円)

(3)　**【解き方】Bさんは5日に買い物したとき，4980－2500＝2480(ポイント)以上もらった。**

Bさんが5日に買った品物の金額は，2480÷5×100＝**49600**(円)以上である。

3 (1)　あ⃝をC，Aの順に操作すると，右図のようになるから，**ウ**が正しい。

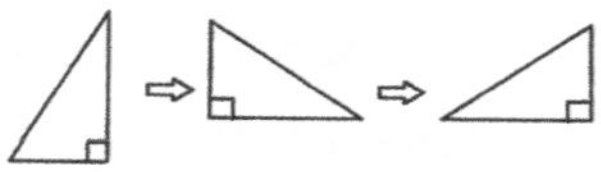

(2)　A，Bは２回くり返すともとの状態にもどり，C，Dは順番を問わずにそれぞれ１回ずつ操作すると，もとの状態にもどる。

よって，A→A，B→B，C→D，D→C，E→Eの**５**通りある。

(3)　**【解き方】AかBの操作を１回行うと，もう１回AかBの操作を行わなければもとの状態にはもどらない。**

AとBを両方行った場合，どのようにしても残り１回の操作で，もとの状態にもどすことはできない。よって，A，Bの操作はそれぞれ２回行い，残りの１回はEとなるから，何回目にEを行うかで３通りずつある。したがって，$3\times2=6$(通り)ある。

CまたはDを行った場合，さらに行っていない方の操作をしないと，残り２回でもとの状態にもどすことはできない。よって，C，D，Eを並びかえる方法を考えればよいから，$3\times2\times1=6$(通り)ある。

これらに加えて，Eを３回行う１通りも条件に合うので，求める操作の順番の数は，$6+6+1=$**13**(通り)ある。

(4)　**【解き方】操作する前の正三角形は左右対称だから，A，Eの操作をしても，もとの状態と変わらない。**

B，C，Dを１回行ったときの向きは，右図のようになる。これらの向きからもとの状態にもどるには，それぞれ(2)と同様の操作をする必要がある。

よって，１回目にA，Eを行った場合は２通りずつ，B，C，Dを行った場合は１通りずつ，もとの状態にもどる操作の順番があるから，全部で$2\times2+1\times3=$**７**(通り)ある。

4 **【解き方】図１のように記号をおく。**

図１

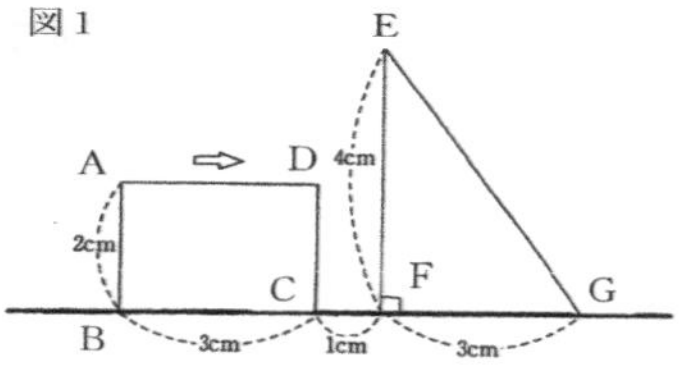

図２

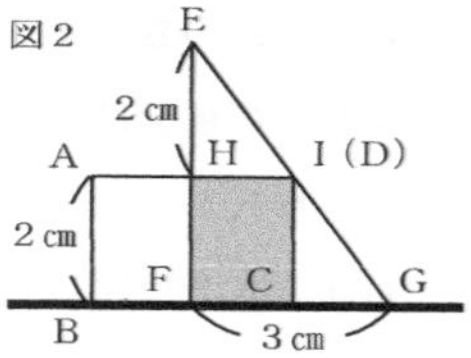

(1)　**【解き方】まずは図２のように，DがＥＧと重なるとき(この点をＩとする)の，色つき部分の面積を求める。**

色つき部分の面積は，長方形ＡＢＣＤと三角形ＥＦＧが重なり始めてから，DがＥＧと重なるまでは，一定の割合で大きくなる。ＨＩとＦＧは平行だから，三角形ＥＨＩと三角形ＥＦＧは形が同じで大きさが異なる三角形であり，辺の長さの比はＥＨ：ＥＦ＝２：４＝１：２なので，ＨＩ＝ＦＧ×$\frac{1}{2}$＝1.5(㎝)となる。よって，このときの色つき部分の面積は$2\times1.5=3$(㎠)となるから，長方形が動き始めてから$(1+1.5)\div1=$**2.5**(秒後)である。

(2)　**【解き方】面積が最大になるのは，図３のように重なるときである。**

ＢとＦが重なるまでの時間を求めればよいので，$(3+1)\div1=$**４**(秒後)である。

図３

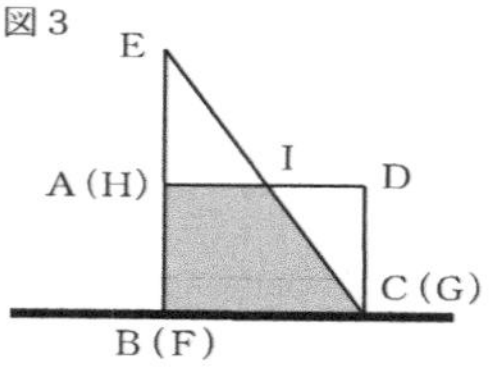

図４

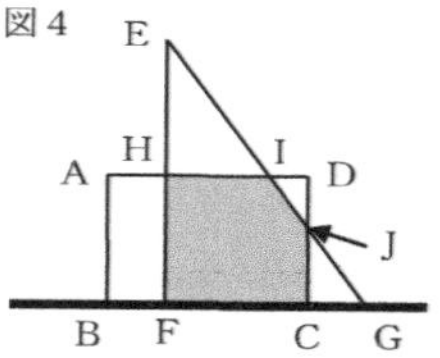

(3)　**【解き方】(1)，(2)より，動き始めてから３秒後の面積は図４のようになる。四角形ＨＦＣＤの面積から，三角形ＪＤＩの面積を引いて求める。**

ＨＤ＝$3-1=2$(㎝)だから，(四角形ＨＦＣＤの面積)＝$2\times2=4$(㎠)である。

また，ＤＩ＝ＨＤ－ＨＩ＝$2-1.5=0.5$(㎝)であり，ＥＨとＤＪは平行だから，三角形ＥＨＩと三角形ＪＤＩは形が同じである。ＥＨ：ＪＤ＝ＨＩ：ＤＩ＝1.5：0.5＝３：１なので，ＪＤ＝$2\times\frac{1}{3}=\frac{2}{3}$(㎝)

よって，(三角形ＪＤＩの面積)＝$0.5\times\frac{2}{3}\div2=\frac{1}{6}$(㎠)だから，求める面積は$4-\frac{1}{6}=\frac{23}{6}=$**$3\frac{5}{6}$**(㎠)

⑷　**【解き方】面積が１度目に２㎠になるのは，動き始めてから，２－１＝１（秒後）である。よって，２度目に２㎠となるのは，図５のようなときであり，三角形ＩＫＧは図２の三角形ＥＨＩと合同だから，三角形ＩＫＧの面積は1.5×２÷２＝1.5（㎠）である。**

図５

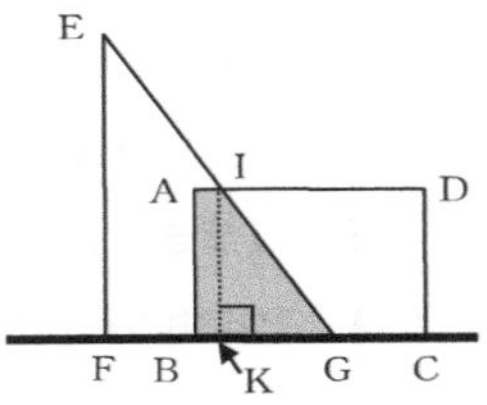

図５の四角形ＡＢＫＩの面積が２－1.5＝0.5（㎠）になるときを考えると，ＡＢ＝２㎝だから，ＢＫ＝0.5÷２＝0.25（㎝）である。ＤとＩが重なるのは，⑴より，動き始めてから2.5秒後だから，ＡとＩが重なるのは2.5＋３＝5.5（秒後）となる。

よって，求める時間はＡとＩが重なる0.25秒前なので，5.5－0.25＝**5.25**（秒後）である。

5　⑴　１辺の長さが２㎝の正方形の面積の半分を求めればよいから，２×２÷２＝**２**（㎠）である。

⑵　１辺の長さが２㎝の正方形の面積から，直角を作る２辺の長さが２÷２＝１（㎝）の直角二等辺三角形の面積１つ分と，直角を作る２辺の長さがそれぞれ１㎝，２㎝の直角三角形の面積２つ分を引けばよい。

よって，求める面積は，２×２－１×１÷２－（１×２÷２）×２＝**1.5**（㎠）

⑶　**【解き方】Ｄ，Ｅはそれぞれ辺の真ん中の点だから，切り口は右図の色つき部分のような二等辺三角形であり，⑵をふまえると，切り口の３つの頂点を通る１辺の長さが４㎝の正方形が作図できる。**

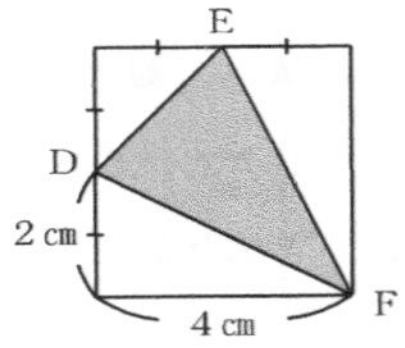

⑵と同様に考えて，求める面積は，４×４－２×２÷２－（２×４÷２）×２＝**６**（㎠）

⑷　**【解き方】図４の直方体の高さは16㎝であり，16÷４＝４（㎝）だから，１辺の長さが４㎝の立方体４つに分かれるように，さらに切断する。このとき，Ｈ，Ｊを通る面より下の部分は右図のようになる。**

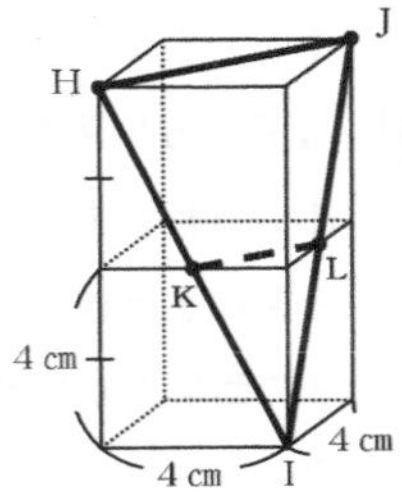

三角形ＫＬＩは⑶の三角形ＤＥＦと合同だから，面積は６㎠である。

ＨＪとＫＬは平行だから，三角形ＨＪＩと三角形ＫＬＩは形が同じで大きさが異なる三角形である。これらの三角形の辺の長さの比はＨＪ：ＫＬだから，直角を作る２辺の長さが４㎝と２㎝の直角二等辺三角形の辺の長さの比に等しく，４：２＝２：１である。

形が同じ三角形の面積比は，辺の長さの比を２回かけた比に等しいので，（２×２）：（１×１）＝４：１となるから，三角形ＨＪＩの面積は$6\times\frac{4}{1}$＝24（㎠）である。したがって，図の対称性より，求める面積は24×２＝**48**（㎠）

志學館中等部

《国　語》

一　問一．Ⅰ．オ　Ⅱ．エ　Ⅲ．イ　問二．ⓐ平家　ⓑ研究　ⓒ専門　ⓓ詩人　ⓔにくせい　問三．ウ

問四．エ　問五．(1)自分の感覚～認している　(2)人との関係の深みや味わいがないだけでなく、希薄な不安定な関係しか構築できなくなるから。　問六．いろいろな性格の人と比較的楽に対話ができ、その結果、少しずつ自分の感じ方や考え方を作り変えていくことができる　問七．A．ラクして得られる楽しさはタカが知れていて、早く限界が来る　B．ちょっと苦しい思いをしてみることを通して得られる楽しさの方が大きくて、その思いが長続きし、次に頑張る力を支えるエネルギーにもなる

問八．

〈作文のポイント〉

・最初に自分の主張、立場を明確に決め、その内容に沿って書いていく。

・わかりやすい表現を心がける。自信のない表現や漢字は使わない。

さらにくわしい作文の書き方・作文例はこちら！→ https://kyoei-syuppan.net/mobile/files/sakupo.html

二　問一．ⓐ制服　ⓑ夕飯　ⓒ気負　ⓓ紅潮　ⓔ尊重　問二．Ⅰ．オ　Ⅱ．イ　問三．ただの隣人

問四．A．自分で言いだしたことは最後までまっとうすべきだ　B．自分自身ができていないこと　問五．家族としてとてもうまくいっているのは、たがいを思いやるというひそやかな努力のたまものであること。

問六．実の母親が夢中になったことは何かを知りたいから。　問七．娘を三歳から育ててきたという自信があるので、娘が実母と同じ書道という分野に興味を示したとしても、哀しむことはない様子。　問八．ウ

《算　数》

1　(1)(ア)5　(イ)44.4　(ウ)$\frac{2}{9}$　(2)78　(3)15　(4)10，21　(5)29　(6)60　(7)17.16　(8)96.1

2　(1)4　(2)8　(3)13

3　(1)29200　(2)38080　(3)7，32

4　(1)2.5　(2)0.4　(3)45

5　(1)3600　(2)8　(3)11

《理　科》

1　問1．①月食　②エ　問2．ウ　問3．ウ　問4．でい岩　問5．イ　問6．エ→ア→ウ→イ

問7．ア，ウ　問8．ア　問9．空気／適度な温度　問10．2.8　問11．2　問12．西から東の方に天気が変わり，西の空に雲がないため。

2　問1．D　問2．C→A→D→B　問3．C→B→A→D　問4．E　問5．0.67　問6．(1)えら

(2)B　問7．3.6

3　問1．(ア)胃　(イ)小腸　問2．160000　問3．8，A，T　問4．1024　問5．(ウ)72　(エ)入れる

(オ)切る

《社　会》

1 問１．伊藤博文　　問２．マッカーサー　　問３．ウ　　問４．⑵法律　⑷公共の福祉

問５．公布日…1946，11，３　施行日…1947，５，３　　問６．国民が，国の政治のあり方を最終的に決定する権利。　　問７．ア　　問８．イ　　問９．エ

2 問１．イ　　問２．エ

3 問１．Ⅰ．ウ　Ⅱ．イ　　問２．面している海は瀬戸内海であり，内海なので波が穏やかだから。　　問３．イ

問４．ウ　　問５．ａ．仙台　ｂ．札幌　　問６．イ，エ　　問７．Ｇ　　問８．Ａ．②　Ｂ．③　Ｃ．⑦　Ｄ．⑥　Ｅ．⑨　Ｆ．⑧　Ｇ．①　　問９．Ａ，Ｅ，Ｇ　　問10．中国地方

4 問１．イ　　問２．ウ　　問３．法隆寺　　問４．日本に，中国の進んだ文化や政治のしくみを取り入れるため。

問５．ウ　　問６．恩賞として，所領を与えてほしいと訴えている。

問７．エ　　問８．ア　　問９．右図　　問10．世直し一揆　　問11．文明開化

問12．ウ　　問13．与謝野晶子　　問14．平塚らいてう　　問15．イ

1 ⑴(ア)　与式＝４＋８－８＋１＝４＋１＝**5**

(イ)　与式＝(７×0.1)×12＋30×1.2＝７×1.2＋30×1.2＝(７＋30)×1.2＝**44.4**

(ウ)　与式＝$\frac{8}{9}\div\frac{4}{3}\times(\frac{15}{6}-\frac{13}{6})=\frac{8}{9}\times\frac{3}{4}\times\frac{1}{3}=\mathbf{\frac{2}{9}}$

⑵　**【解き方】12＝６×２，18＝６×３だから，６に１から連続する整数をかけていくとき，12の倍数は６に２の倍数をかけたとき，18の倍数は６に３の倍数をかけたときに現れる。よって，６に３の倍数でない奇数をかけたときが12の倍数でも18の倍数でもない数になる。**

３の倍数でない奇数を小さい順に５つ並べると，１，５，７，11，13だから，求める数は６×13＝**78**である。

⑶　**【解き方】平均点の問題では面積図を利用する。**

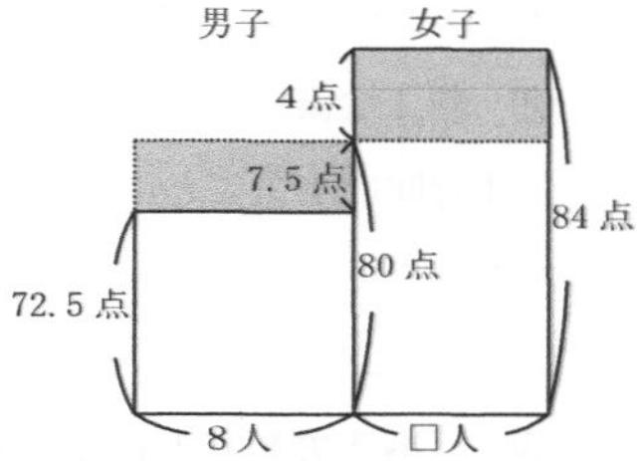

長方形の縦に平均点，横に人数とした面積図をかくと右図のようになる。

面積図の色つき部分の面積は等しいから，このグループの女子の人数を□人とすると，□×４＝８×7.5　　□＝60÷４＝**15**(人)である。

⑷　イチゴもリンゴも好きな児童が最も多いのは，イチゴを好きな児童が全員リンゴを好きである場合だから，21人である。イチゴもリンゴも好きな児童が最も少ないのは，イチゴを好きではない37－21＝16(人)の生徒が全員リンゴを好きな場合だから，26－16＝10(人)である。よって，**10人以上21人以下**である。

⑸　**【解き方】作れる金額の百の位は５円玉と10円玉の枚数に関わらないので，５円玉３枚と10円玉３枚でつくれる金額をすべて考える。**

５円玉３枚と10円玉３枚があるときに作れる金額は，０円，５円，10円，15円，20円，25円，30円，35円，40円，45円の10通りである。この10通りそれぞれに対して100円玉２枚のうち何枚使うかで３通りあるが，金額が０円になる場合は除《のぞ》くので，10×３－１＝**29**(通り)ある。

⑹　**【解き方】右図のように補助線ＯＰを引くと，円の半径なのでＯＰ＝ＯＡであり，ＡＰはＯＡを折り返した辺だからＡＰ＝ＯＡとなる。よって，三角形ＰＯＡは正三角形だとわかる。**

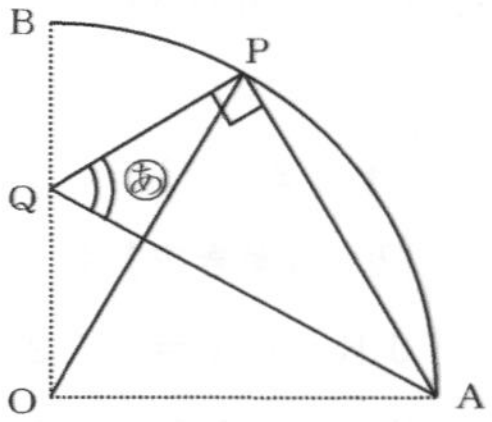

角ＱＡＰ＝60°÷２＝30°より，角あ＝180°－(90°＋30°)＝**60°**である。

⑺　求める面積は１辺の長さが６cmの正方形の面積から，半径６cmの円の面積の$\frac{90°-60°}{360°}=\frac{1}{12}$を２つ分引いた値《あたい》である。よって，６×６－６×６×3.14×$\frac{1}{12}$×２＝**17.16**(cm²)

⑻　**【解き方】検査した人数を1000とすると，実際に感染している人が20%の200，感染していない人が800となる。**

感染している人のうち感染していないと判断された人は200×0.02＝４

感染していない人のうち感染していると判断された人は800×0.01＝８

よって，感染していると判断された人のうち，感染している人の割合は$\frac{200-4}{200-4+8}$×100＝96.07…より，**96.1%**である。

[2] **【解き方】$\frac{5}{49}$＝5÷49 を実際に筆算していくと，右のようになる。小数を第1位と第2位，第3位と第4位，…のように2けたずつ区切ると 10，20，40，…のように2倍ずつになっていくように見えるが，実際にはそうならないので，計算をした方が簡単に解くことができる。**

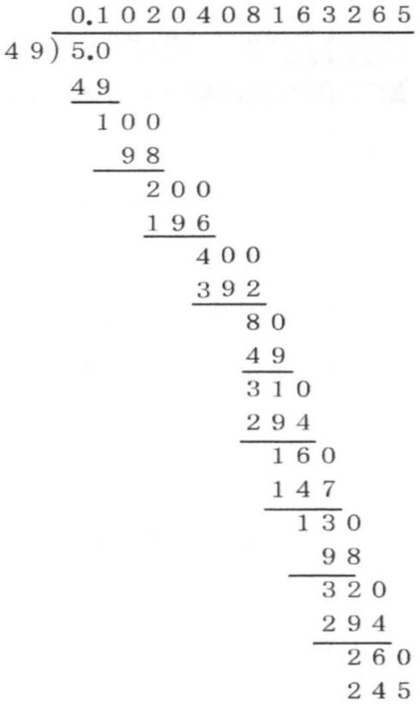

(1) 右の筆算より，小数第5位の数は**4**である。

(2) 右の筆算より，２回目の１が出てくるのは小数第**8**位である。

(3) 右の筆算より，左から順に奇数は１，１，３，５となるので，４回目の奇数である５は小数第**13**位である。

[3] (1) 第１会議室を３時間使用した場合，基本料金に加えて１分ごとに40円かかる。よって，22000＋40×３×60＝**29200**(円)

(2) 第１会議室を５時間30分使用した場合，基本料金に加えて，最初の４時間は１分ごとに40円かかり，５時間30分－４時間＝１時間30分は１分ごとに72円かかる。

よって，22000＋40×４×60＋72×(60＋30)＝**38080**(円)

(3) **【解き方】基本料金は第１会議室の方が安く，利用時間が４時間までは１分ごとの料金も第１会議室の方が安いので，第２会議室と利用料金が等しくなるのは４時間をこえてからである。**

第１会議室を４時間使用したときの利用料金は22000＋40×４×60＝31600(円)，第２会議室を４時間使用したときの利用料金は25620＋47×４×60＝36900(円)である。よって，４時間使用したときの利用料金は，36900－31600＝5300(円)だけ第１会議室の方が安くなる。ここから１分使用するごとに72－47＝25(円)だけ金額の差がちぢまっていくので，5300÷25＝212より，求める利用時間は，４時間＋212分＝４時間＋３時間32分＝**7時間32分**である。

[4] (1) 三角形ＡＣＤの面積は，上底と下底の長さがそれぞれ１㎝，２㎝で高さが３㎝の台形の面積から，底辺と高さがそれぞれ１㎝，２㎝の直角三角形２つ分の面積を引いた値である。よって，

(１＋２)×３÷２－１×２÷２×２＝4.5－２＝**2.5**(㎠)

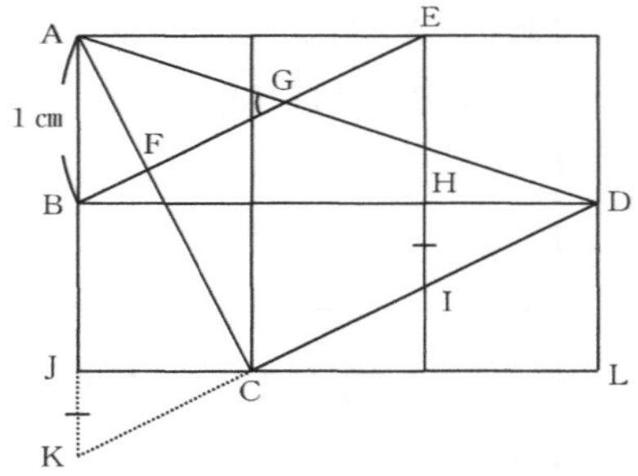

(2) **【解き方】ＤＣとＡＢを延長し，右のように作図する。このとき，ＪＫ＝ＨＩ＝１÷２＝0.5(㎝)となり，ＢＦとＫＣは平行だから，三角形ＡＢＦと三角形ＡＫＣは形が同じで大きさが異なる三角形となることを利用し，ＡＦ：ＦＣを求める。また，形が同じで大きさが異なる三角形の辺の比をａ：ｂとすると，面積の比は(ａ×ａ)：(ｂ×ｂ)となる。**

三角形ＡＢＦと三角形ＡＫＣの辺の長さの比はＡＢ：ＡＫ＝１：2.5＝２：５である。よって，ＡＦ：ＡＣ＝２：５である。ＦＧとＣＤは平行だから，三角形ＡＦＧと三角形ＡＣＤは形が同じで大きさが異なる三角形であり，辺の長さの比が２：５なので，面積の比は(２×２)：(５×５)＝４：25である。

したがって，求める三角形ＡＦＧの面積は2.5×$\frac{4}{25}$＝**0.4**(㎠)である。

(3) **【解き方】三角形ＡＦＧと三角形ＡＣＤは形が同じで大きさが異なる三角形であることを利用する。**

(2)の図で，三角形ＡＪＣと三角形ＣＬＤは合同だから，角ＣＡＪ＝角ＤＣＬ

また，角ＡＪＣ＝90°より，角ＪＣＡ＋角ＣＡＪ＝180°－90°＝90°

よって，角ＡＣＤ＝180° －(角ＪＣＡ＋角ＤＣＬ)＝180° －(角ＪＣＡ＋角ＣＡＪ)＝180° －90° ＝90°

また，ＣＡ＝ＤＣだから，三角形ＡＣＤは直角二等辺三角形となるので，角ＣＤＡ＝45°

角ＦＧＡ＝角ＣＤＡだから，角ＦＧＡ＝**45°**

5 (1) 水そうに入っている水の体積は 20×30×6＝**3600**(cm³)である。

(2) **【解き方】おもりを入れたときの水の深さはおもりの高さをこえないと予想し，水の体積が等しいとき，水の深さは底面積に反比例することを利用する。**

おもりを入れないときの水の深さは 6 cmである。水そうの底面積は 20×30＝600(cm²)，おもりの面Ａの面積は 15×10＝150(cm²)だから，面Ａを水そうの底面につくように入れたとき，水が入る部分の底面積は 600－150＝450(cm²)となる。よって，水の深さは，$6\times\frac{600}{450}=$ **8**(cm)であり，面Ａを底面としたときのおもりの高さは 20 cmだから，これは条件に合う。

(3) **【解き方】(2)と同様に考えたとき，おもりを入れた後の水の深さがおもりの高さ 10 cmより大きくなる。よって，おもりはすべて水に沈むから，おもりを入れる前の状態からおもりの体積だけ水を入れたときの水の深さを考えればよい。**

おもりの面Ｂの面積は 20×15＝300(cm²)である。このとき，(2)と同様に考えると水の深さは$6\times\frac{600}{600-300}=12$(cm)となり，おもりの高さ 10 cmをこえるので条件に合わない。おもりの体積は 300×10＝3000(cm³)であり，水そうの底面積は 600 cm²だから，求める水の深さは(3600＋3000)÷600＝**11**(cm)である。

2022 解答例
令和４年度

志學館中等部

《国　語》

一　問一．ⓐいの　ⓑ深夜　ⓒ厳密　ⓓ情報　ⓔ課題　問二．エ　問三．Ｂ．ウ　Ｃ．エ　Ｄ．イ
問四．忘れる速度は人によって違わないこと。／忘れることは、意識ではコントロールできないこと。／忘れるスピードは一定ではないこと。　問五．②ア　③エ　問六．記憶の干渉　問七．一つひとつの記憶は関連し合い、影響し合っているので、不用意に大量の知識を詰めこむと、記憶が消えてしまったり、ときには記憶が混乱し曖昧になったりして、勘違いなどを起こす原因になるから。　問八．(例文)私は受験勉強をした際に、集中力を高めるために、50 分間勉強をしたら 10 分間休けいをとるというリズムを大切にしました。

二　問一．ⓐ合唱　ⓑ愛好　ⓒ客観　ⓓ判定　ⓔ潔　問二．瑠雨ちゃんを家にまねいて仲良くなること。
問三．Ⅰ．家に遊びにこないかとさそわれた　Ⅱ．戸惑う〔別解〕こまる　問四．③イ　⑤ウ　問五．エ
問六．瑠雨ちゃんが自分の歌声をききにきてくれたので、ふだん以上にはりきる気持ち。　問七．ウ
問八．(1)瑠雨(ちゃん)　(2)遠い時代からやってきた、とびきりレアな言葉たち(。)　(3)いまの日本語よりもやわらかくて、耳がほっくりする感じの音で、自分の見たことのない世界を物語っているところ。

《算　数》

1　(1)(ア)56　(イ)$\frac{9}{10}$　(ウ)282.6　(2)３　(3)２，６　(4)23　(5)$\frac{5}{12}$　(6)25000　(7)5.9　(8)97
(9)7.625

2　(1)12.25　(2)３　(3)87.75

3　(1)３　(2)(２４１)，(３３１)，(４２１)　(3)４　(4)１／残りのカードの枚数が５で割った余りが１になるようにＡ君がカードをとり続けていく　(5)ア，イ，ウ，エ

4　(1)９，50　(2)1500　(3)28.5

5　(1)１　(2)1.5　(3)２　(4)48.75

《理　科》

1　問１．①根　②水蒸気　③蒸散　問２．④　問３．②，⑥　問４．エ　問５．支点…カ　力点…イ
問６．①小石／砂／ねん土　②石灰石〔別解〕石灰岩　③あたたかく　④浅い　問７．あたためると金属のフタがぼうちょうし，ビンとの間にすき間ができるため　問８．軽石の中に空気を含んだたくさんの空どうがあるから

2　問１．水／氷〔別解〕液体／固体　問２．効率よく電気を光に変えることができる
問３．花がさいていなかった枝に実はつかないから　問４．(1)485　(2)右グラフ
(3)6.6　問５．５

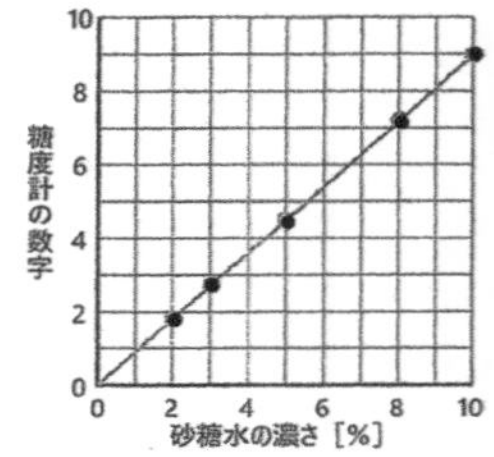

3　問１．36　問２．24　問３．(1)130　(2)15　問４．Ｇ．25　Ｈ．45　Ｉ．60
Ｊ．40　Ｋ．30

《社　会》

[1] 問１．(1)a．イ　b．ア　c．ウ　d．エ　e．オ　(2)冬の季節風が日本海を通ることによって，水分を多く含み，山地にあたることで降水をもたらすため。　(3)輪中集落　問２．(1)A　(2)a．オ　b．ウ　c．イ　d．ア　(3)持続可能　問３．メディアリテラシー　問４．(1)エ　(2)a．カ　b．オ　c．エ　d．ア　問５．ローリングストック法

[2] 問１．行政　問２．人間　問３．パリ　問４．経済特区　問５．香港　問６．イ　問７．ア　問８．2001，９，11　問９．b

[3] 問１．小選挙／比例代表　問２．国民審査　問３．内閣　問４．公共サービス(を受けるのにすべて)の費用を自分で負担しなければならない。　問５．ウ　問６．[理由／根拠]　A．[Y／Ⅱ]　B．[X／Ⅳ]

[4] 問１．ア．外国の支配　イ．革命　問２．X．アヘン　Y．EU　問３．イ　問４．ウ　問５．イ，エ　問６．大日本帝国　問７．ア，エ，オ　問８．スペインやポルトガルに支配されていたから。　問９．エ　問10．1601，1700　問11．イ

←解答例は前のページにありますので，そちらをご覧ください。

1 (1)(ア) 与式$=24+36-4=60-4=56$

(イ) 与式$=\frac{1}{15}+(\frac{44}{24}-\frac{9}{24})\div\frac{7}{4}=\frac{1}{15}+\frac{35}{24}\times\frac{4}{7}=\frac{1}{15}+\frac{5}{6}=\frac{2}{30}+\frac{25}{30}=\frac{27}{30}=\frac{9}{10}$

(ウ) 与式$=5.28\times10\times3.14+37.2\times3.14=(52.8+37.2)\times3.14=90\times3.14=282.6$

(2) **【解き方】5で割って2余る数は，2，7，12，17，22，27，…**

6で割って3余る数は，3，9，15，21，27，…

よって，5で割って2余り，6で割って3余る数のうち，最も小さい数は27であり，ここから，5と6の最小公倍数である30を加えるごとに条件に合う数が現れる。

求める個数は，27，57，87の3個である。

(3) 黒，赤，青色のインクが出ないボールペンが，それぞれ異なるボールペンであった場合，3色ともインクが出るボールペンは，10－3－4－1＝2(本)になる。

赤色のインクが出ない4本のボールペンの中に黒色，青色のインクが出ないボールペンも含《ふく》まれている場合は，3色ともインクが出るボールペンは，10－4＝6(本)になる。よって，考えられる本数は，2本以上6本以下である。

(4) **【解き方】50円玉2枚で100円玉1枚分の金額《きんがく》を作れるので，1枚の100円玉を50円玉に両替《りょうがえ》して，50円玉が全部で3＋2＝5(枚)あると考える。このようにしてできた2種類の硬貨《こうか》を何枚ずつ使うかという組み合わせの数を考えればよい。**

50円玉を使う枚数は0～5枚の6通り，10円玉を使う枚数は0～3枚の4通りだから，枚数の組み合わせは全部で，6×4＝24(通り)できる。この中にはすべてが0枚の場合の0円が含まれているので，できる金額は全部で，24－1＝23(通り)ある。

(5) **【解き方】$\frac{1}{2}$ | $\frac{1}{3}$，$\frac{2}{3}$ | $\frac{1}{4}$，$\frac{2}{4}$，$\frac{3}{4}$ | $\frac{1}{5}$，…とわけて，左から1グループ目，2グループ目，…と表す。各グループの分数の個数は，連続する整数となっている。**

1＋2＋3＋4＋5＋6＋7＋8＋9＋10＝55，55＋11＝66だから，60番目の数は，11グループ目の，左から60－55＝5(番目)の数である。よって，求める数は，$\frac{5}{12}$である。

(6) 親にわたした後の金額の$1-\frac{3}{5}=\frac{2}{5}$が4500円だから，親にわたした後の金額は，$4500\div\frac{2}{5}=11250$(円)

もらったお年玉の金額の1－0.55＝0.45が11250円だから，求める金額は，11250÷0.45＝25000(円)

(7) 昨日までの5日間の合計気温は，5.6×5＝28(度)だから，今日を含めた6日間の合計気温は，28＋7.4＝35.4(度)である。よって，6日間の平均気温は，35.4÷6＝5.9(度)

(8) **【解き方】右のように平行な直線を1本加えて考える。**

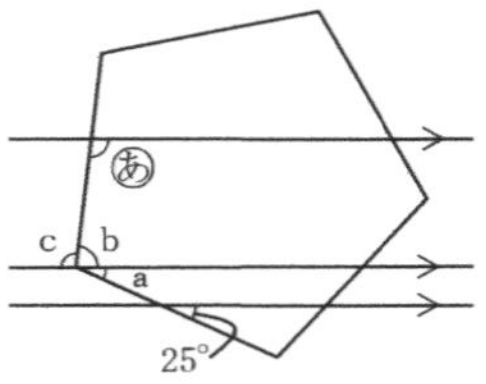

平行線の同位角は等しいから，角a＝25°

正五角形の1つの内角の大きさは{180°×(5－2)}÷5＝108°だから，

角b＝108°－25°＝83°

角c＝180°－83°＝97°　　平行線の錯角は等しいから，角あ＝角c＝97°

(9) **【解き方】直角を挟《はさ》む2辺の長さの比が3：4の直角三角形は，3辺の長さの比が3：4：5となることを利用する。**

たて3cm，横4cmの長方形の対角線の長さは5cmだとわかる。よって，求める面積は，半径が5cmの円の$\frac{1}{4}$のおうぎ形の面積から，たて３cm，横４cmの長方形の面積をひけばよいので，５×５×3.14×$\frac{1}{4}$－３×４＝7.625(㎠)

2　⑴　三角形ＡＧＨの面積は，正方形ＥＦＧＨの面積の$\frac{1}{4}$だから，７×７×$\frac{1}{4}$＝12.25(㎠)

⑵　三角形ＡＪＧと三角形ＡＩＨについて，ＡＧ＝ＡＨ，角ＡＧＪ＝角ＡＨＩ＝45°

また，角ＪＡＧ＝角ＩＡＨ＝90°－角ＧＡＩだから，三角形ＡＪＧと三角形ＡＩＨは合同である。

よって，ＪＧ＝ＩＨ＝ＧＨ－ＧＩ＝７－４＝３(cm)

⑶　**【解き方】⑵と同様に考えると，右図の㋐と㋑の三角形は合同だから，**

㋐＋㋒＝㋑＋㋒となる。

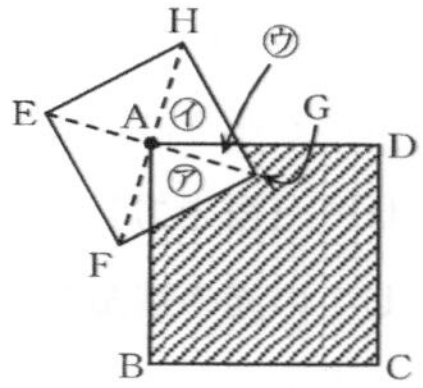

求める面積は，正方形ＡＢＣＤの面積から，三角形ＡＧＨの面積をひけばよいので，

10×10－12.25＝87.75(㎠)

3　⑴　Ｂ君がとったあとの残りのカードが１枚になればよい。

Ａ君が１回目に２枚とると，残りは６－２＝４(枚)になるから，Ｂ君は４－１＝３(枚)とればよい。

⑵　２回目までに７－１＝６(枚)とるようなとり方を考えればよいので，（２４１）（３３１）（４２１）の３通りある。

⑶　**【解き方】カードは１回につき１～４枚とるので，Ｂ君がどのようにカードをとっても，Ｂ君とＡ君のとったカードの枚数の和が，１＋４＝５(枚)となるようにすることができる。例えば，Ｂ君が１枚とったらＡ君が４枚とり，Ｂ君が３枚とったらＡ君が２枚とる。**

２回目のＢ君と３回目のＡ君がとったカードの枚数の和は５枚にすることができるので，Ａ君が必ず勝つためには，Ａ君が１回目にとったあとのカードの枚数が，５枚より１枚多い６枚になればよい。

よって，１回目にＡ君は10－６＝４(枚)とればよい。

⑷　⑶より，Ａ君が１回目に何枚かとってからは，Ｂ君とＡ君で１回につき合わせて５枚ずつカードをとるようにすることができる。よって，Ａ君が１回目にとったあとのカードの枚数は，５の倍数より１大きい数である51枚になればよいので，Ａ君は１回目に52－51＝１(枚)とる。

⑸　Ａ君が１回目にカードをとった後の枚数を，５の倍数より１大きい数にすることができればよい。

１回でとれる枚数は１～４枚なので，2022－１＝2021，2023－２＝2021，2024－３＝2021，2025－４＝2021より，ア，イ，ウ，エはあてはまる。オは，2026枚から１～４枚とって５の倍数より１大きい数にすることができないので，あてはまらない。

4　⑴　**【解き方】かかった時間の比は，(道のりの比)÷(速さの比)で求められる。**

家からＡまでとＡからおじいさんの家までの道のりの比は５：３，速さの比は１：1.5＝２：３だから，かかった時間の比は，(５÷２)：(３÷３)＝５：２

Ａに立ち寄った時間を除くと，家からおじいさんの家まで進むのにかかった時間の合計は10時15分－９時－５分＝１時間10分＝70分なので，家からＡまでにかかった時間は，70×$\frac{5}{5+2}$＝50(分)

よって，求める時間は，９時＋50分＝９時50分

⑵　**【解き方】同じ道のりを進むのにかかる時間の比は，速さの比の逆比に等しいことを利用する。**

⑴より，Ａからおじいさんの家までは，70－50＝20(分)かかる。下り坂と上り坂の速さの比は1.5：１＝３：２だから，Ａからおじいさんの家までと，おじいさんの家からＡまでにかかる時間の比は，２：３となる。

よって，おじいさんの家からＡまでは，20×$\frac{3}{2}$＝30(分)かかる。

太郎君がおじいさんの家に着いてから５分後は，10時15分＋５分＝10時20分だから，忘れ物をしなかった場合は10時20分＋30分＝10時50分にＡに着く。よって，600ｍの上り坂と下り坂を進むのにかかった時間は，

11時10分−10時50分＝20分である。よって，上り坂600mを進むのにかかる時間は，$20\times\frac{3}{2+3}=12$(分)だから，上り坂での速さは，分速(600÷12)m＝分速50mである。したがって，求める道のりは，50×30＝1500(m)

⑶　**【解き方】⑵より，家からAまでの道のりは，$1500\times\frac{5}{3}=2500$(m)，下り坂での太郎君の速さは，分速(50×1.5)m＝分速75mである。**

お父さんと出会う11時23分まで，太郎君は23−15＝8(分間)で，75×8＝600(m)進む。したがって，お父さんは23−19＝4(分間)で，2500−600＝1900(m)進んだことになる。その速さは，分速$\frac{1900}{4}$m＝分速475mより，求める速さは，時速$\frac{475\times60}{1000}$km＝時速28.5km

5　⑴　**【解き方】志朗君をPSとすると，影の長さは図ⅠのPTとなる(破線は，AからTに対しての光の進んだ道すじ)。**

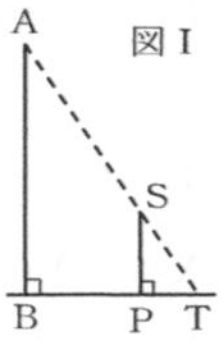

図Ⅰ

三角形ABTと三角形SPTは同じ形なので，BT：PT＝AB：SP＝4.5：1.5＝3：1

BP：PT＝(3−1)：1＝2：1だから，求める長さは，PT＝BP×$\frac{1}{2}$＝2×$\frac{1}{2}$＝1(m)

⑵　⑴と同様に考える。志朗君をQUとすると，影の長さは図ⅡのQVとなる。

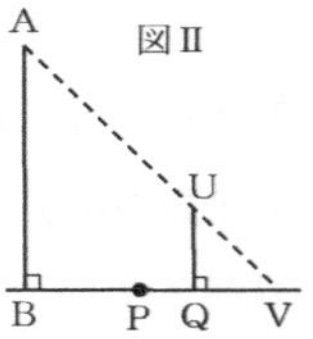

図Ⅱ

三角形ABVと三角形UQVは同じ形なので，BV：QV＝AB：UQ＝4.5：1.5＝3：1より，BQ：QV＝(3−1)：1＝2：1

BQ＝2＋1＝3(m)だから，QV＝BQ×$\frac{1}{2}$＝3×$\frac{1}{2}$＝1.5(m)

⑶　**【解き方】志朗君をWXとする。AからXに対しての光の進んだ道すじを，塀《へい》にあたってからも延長させると，図Ⅲのようになる。求める長さはQWである。**

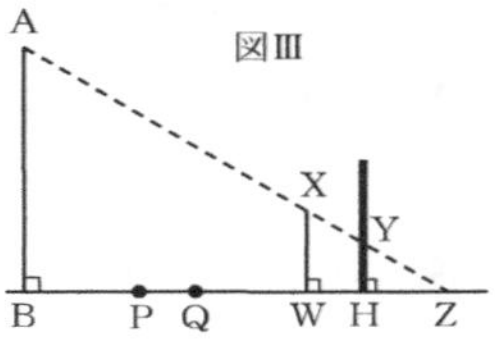

図Ⅲ

三角形ABZ，XWZ，YHZは同じ形の三角形である。

YH＝90㎝＝0.9m，BH＝2＋1＋3＝6(m)

BZ：HZ＝AB：YH＝4.5：0.9＝5：1だから，BZ：BH＝5：(5−1)＝5：4より，BZ＝BH×$\frac{5}{4}$＝6×$\frac{5}{4}$＝7.5(m)

BZ：WZ＝AB：XW＝4.5：1.5＝3：1だから，WZ＝BZ×$\frac{1}{3}$＝7.5×$\frac{1}{3}$＝2.5(m)

求める長さは，QW＝BZ−BQ−WZ＝7.5−3−2.5＝2(m)

⑷　**【解き方】図2より，塀をHaとして，Aからaに対しての光の進んだ道すじを破線で表すと，図Ⅳのように作図できる。これより，図4について，塀の影は図Ⅴの色付き部分で表すことができる。**

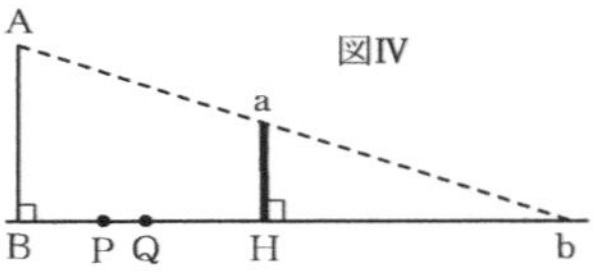

図Ⅳ

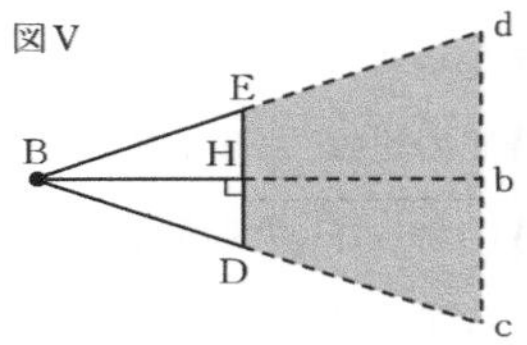

図Ⅴ

図Ⅳについて，三角形ABbと三角形aHbは同じ形なので，

Bb：Hb＝AB：aH＝4.5：2.5＝9：5

図Ⅴについて，三角形BDEと三角形Bcdは同じ形の三角形で，

BH：Bb＝(9−5)：9＝4：9だから，面積の比は，(4×4)：(9×9)＝16：81　よって，三角形BDEと四角形DEdcの面積の比は，16：(81−16)＝16：65

三角形BDEの面積は，DE×BH÷2＝4×6÷2＝12(㎡)だから，求める面積は，12×$\frac{65}{16}$＝48.75(㎡)

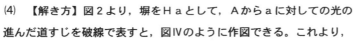

2021 解答例 令和３年度　志學館中等部

《国　語》

一　問一．ⓐ気象　ⓑ指標　ⓒ卒業　ⓓ視野　ⓔ素敵　　問二．エ　　問三．⑴触／発　⑵エ　　問四．エ　　問五．ウ　　問六．旺盛な知識欲のある父の影響を受け、自身も学ぶことの楽しさを知っていたから。　問七．研究者は何が正解なのかわからず、答えがあるかどうかもわからない中で、どうやって研究を続ける意欲を維持しているのかということ。　　問八．常に勉強して新しい知識を吸収し、それをもとに仮説を立てて、いろいろな試行を積み重ねること。　　問九．イ　　問十．（例文）サッカークラブに所属し、毎日必死に練習したが、なかなか上達しなかった。そんな時、たまたま有名選手の動画を見ていたら、感覚的なイメージをつかめるようになって飛躍的にリフティングができるようになった。

二　問一．ⓐ省略　ⓑ委員　ⓒめいわく　ⓓ提案　ⓔ厳　　問二．A．ウ　B．ア　C．オ　D．エ　　問三．ア　　問四．オ　　問五．イ　　問六．⑴高橋君のその場の空気を壊すような「無理じゃん」という発言　⑵怒っていないと分かった　　問七．ウ　　問八．自分だけが正しいと思いこむのではなく、意見の異なる相手の気持ちを考えること。　　問九．私がみんな～ったんだ。

《算　数》

1　⑴(ア)37　(イ)０　(ウ)119.5　　⑵19　　⑶８，９　　⑷３　　⑸87　　⑹72　　⑺10，22　　⑻15.25

2　⑴12　　⑵14　　⑶６

3　⑴10　　⑵７　　⑶①，③

4　⑴360　　⑵４　　⑶3.6

5　⑴(ア)三角形ＱＢＤは三角形ＰＢＣを点Ｂを中心に時計まわりに60°回転させた三角形なので，
ＰＢの長さとＱＢの長さは等しい。
ＰＣの長さとＱＤの長さは等しい。
また，三角形ＰＢＱは正三角形なので，ＰＢの長さとＱＢの長さとＰＱの長さは等しい。
以上のことから，折れ線ＡＰＱＤの長さはＡＰとＢＰとＣＰの長さの合計に等しい。
(イ)120　　⑵②，⑦

《理　科》

1 問１．①体積　②真横　　問２．①672　②4.5　　問３．二酸化マンガンとオキシドール／うすい塩酸と石灰石　　問４．国際宇宙ステーション　　問５．イ　　問６．ろうと
問７．右図　　問８．左に 10 cm　　問９．エ　　問 10．チョウやカブトムシは，幼虫からさなぎを経て成虫になること　　問 11．炭酸水とアンモニア水は，どちらもとけているものが気体だから

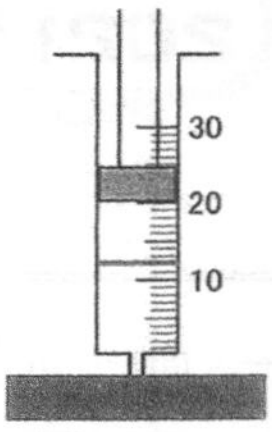

1問７の図

2 問１．下弦の月　　問２．積乱雲〔別解〕入道雲　　問３．①下がる　②下げる　③高い方から低い方　④しにくく　⑤にくく　　問４．①値…47　名称…夏緑樹林　②5.5

3 問１．①１　②２　③10　④１　⑤３　　問２．右図
問３．250　　問４．122

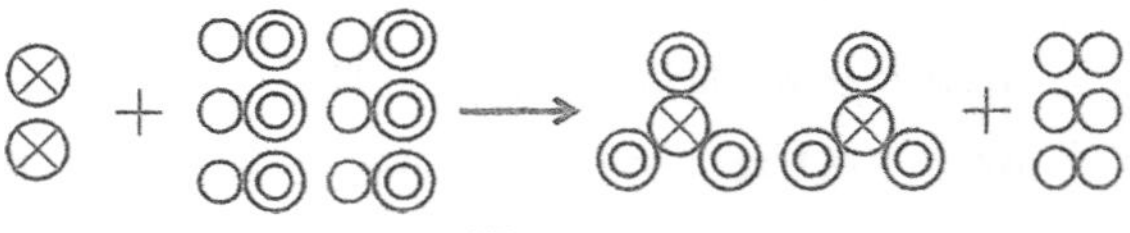

3問２の図

《社　会》

1 問１．南北問題　　問２．イ　　問３．エ　　問４．ＳＤＧｓ　　問５．ア　　問６．エ

2 問１．二院制　　問２．ア　　問３．公聴会　　問４．弾劾　　問５．エ

3 問１．⑴高床倉庫　⑵鑑真　⑶奥州藤原　⑷明智光秀　⑸1854　⑹日清戦争　⑺重化学　　問２．石包丁
問３．食料を安定して手に入れることができるようになり，人口が増えたから。〔別解〕稲作は多くの人々が協力して，作業を進める必要があったから。　　問４．ア　　問５．中尊寺金色堂　　問６．オ→イ→カ
問７．太閤検地　　問８．ア．輸入品に自由に関税がかけられないので，国内の製品より安い製品が輸入されるのを制限できない。　イ．アメリカ人が日本で起こした事件を日本の法律で裁くことができないので，有利な判決が出る可能性がある。　　問９．遼東半島　　問 10．国際連盟　　問 11．イギリス

4 問１．イ　　問２．トレーサビリティ(システム)　　問３．１．中国／ベトナム　２．アメリカ合衆国／ドイツ　３．ロシア／サウジアラビア　４．中国／アメリカ合衆国　　問４．⑴アメリカ合衆国　⑵ハリケーン

5 問１．１．ウ〔別解〕エ　２．ア〔別解〕エ　３．オ〔別解〕エ　４．イ〔別解〕エ　　問２．⑴ア，エ，キ　⑵イ，オ　⑶ウ，カ　　問３．④，⑥，⑦，⑨　　問４．Ｄ　　問５．札幌は緯度が高いが，軽井沢は標高が高いため。　　問６．エ→ウ→ア→イ　　問７．ア，エ，オ／イ，ウ，カ

【算数の解説】

1 ⑴(ア)　与式＝７＋30＝37

(イ)　与式 $=\frac{72}{5}\times(\frac{4}{24}-\frac{3}{24})-\frac{3}{5}=\frac{72}{5}\times\frac{1}{24}-\frac{3}{5}=\frac{3}{5}-\frac{3}{5}=0$

(ウ)　与式 $=121\times11\times\frac{1}{11}-1\times2\times\frac{1}{1}+1\times\frac{1}{2}\times1=121-2+0.5=119.5$

⑵　**【解き方】右のような表でまとめるとよい。㋐の人数を求める。**

㋑＝73－45＝28(人)だから，㋐＝28－９＝19(人)

		国語		合計
		合格	不合格	
算数	合格		㋐	39
	不合格		9	
合計		45	㋑	73

⑶　**【解き方】足して 17 になる２数よりも，かけて 72 になる２数の方が組み合わせが少ないので，そちらから考える。**

かけて 72 になる２つの整数は，１と 72，２と 36，３と 24，４と 18，６と 12，８と９の６組である。
このうち足して 17 になるのは，８と９である。

⑷　**【解き方】３の倍数は各位の数の和が３の倍数になることから，３の倍数ではない数を作るために必要な３つの数の組み合わせを調べることができる。**

４つの数の和は０＋１＋２＋３＝６で３の倍数だから，３の倍数を取り除くと，残った数の和も３の倍数になってしまう。したがって，３の倍数ではない数(１または２)を取り除くと，残りの３つの数で作った数は３の倍数にならない。つまり，使う３つの数は，０と１と３，または，０と２と３である。

一の位が偶数(０も偶数である)だと２の倍数になってしまうので，一の位が奇数になるように３けたの整数を作ると，103，301，203 の３通りが作れる。

⑸　**【解き方】(平均点)×(人数)＝(合計点)になることを利用する。**

Ａ，Ｂ，Ｃ，Ｄ，Ｅの５人の合計点は，86×５＝430(点)だから，Ｆもふくめた６人の合計点は，430＋92＝522(点)　　よって，６人の平均点は，522÷６＝87(点)

⑹　三角定規だから，右図のように角度がわかる。

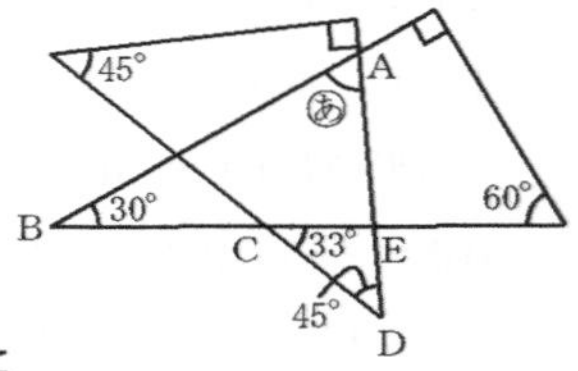

三角形の１つの外角は，これととなり合わない２つの内角の和に等しいから，

三角形ＣＤＥにおいて，角ＡＥＢ＝33°＋45°＝78°

三角形ＡＢＥの内角の和より，角㋐＝180°－30°－78°＝72°

⑺　**【解き方】食塩水の濃度《のうど》は 10％であり，水の濃度は０％，食塩の濃度は 100％と考えることができる。最もうすい食塩水を作るときは水，食塩水，食塩の順になるべく多く使い，最も濃《こ》い食塩水を作るときは食塩，食塩水，水の順になるべく多く使う。**

最もうすい食塩水ができるのは，水を 90ｇ，食塩水を 150ｇ，食塩を 250－(90＋150)＝10(ｇ)使ったときである。

こうしてできた食塩水にふくまれる食塩は，$150\times\frac{10}{100}+10=25$(ｇ)だから，その濃度は，$\frac{25}{250}\times100=10$(％)

最も濃い食塩水ができるのは，食塩を 40ｇ，食塩水を 150ｇ，水を 250－(40＋150)＝60(ｇ)使ったときである。

こうしてできた食塩水にふくまれる食塩は，$40+150\times\frac{10}{100}=55$(ｇ)だから，その濃度は，$\frac{55}{250}\times100=22$(％)

よって，10％以上 22％以下の食塩水ができる。

⑻　半径が 10÷２＝５(㎝)の半円の面積から，直角三角形の面積を引けばよいから，

５×５×3.14÷２－６×８÷２＝39.25－24＝15.25(㎠)

2　⑴　**【解き方】ヤギが 21 日で食べる草の量と，ヒツジが 28 日で食べる草の量が同じだから，ヤギとヒツジが１日に食べる草の量の比は，21：28＝３：４の逆比の４：３である。**

１日に食べる草の量を，ヤギが④，ヒツジが③だとする。ヤギが 21 日で食べる草の量は，④×21＝$\textcircled{84}$だから，これをヤギとヒツジの２頭で食べると，$\textcircled{84}$÷(④＋③)＝12(日)で草はなくなる。

⑵　**【解き方】⑴をふまえる。まず，ウシが１日に食べる草の量を○つきの数字で表すことを考える。**

ヤギ，ヒツジ，ウシの３頭が６日で食べる草の量は，(④＋③)×６＝㊷と，ウシが６日で食べる草の量の合計である。これと，ウシが 13 日で食べる草の量が等しいのだから，ウシが 13－６＝７(日)で食べる草の量は㊷である。したがって，ウシが１日で食べる草の量は，㊷÷７＝⑥である。

よって，ヤギが 21 日で食べる草の量である$\textcircled{84}$をウシが食べると，$\textcircled{84}$÷⑥＝14(日)で草はなくなる。

⑶　**【解き方】⑴，⑵をふまえる。ヤギは 10 日で④×10＝㊵食べ，ヒツジは 15 日で③×15＝㊺食べるから，15－10＝５(日間)で追加される草の量は㊺－㊵＝⑤である。したがって，１日に追加される草の量は，⑤÷５＝①である。**

ヤギが 10 日で食べる草のうち，①×10＝⑩はあとから追加された草だから，最初からあった草は，㊵－⑩＝㉚である。したがって，ウシが食べると，最初にあった草が１日に⑥－①＝⑤減るから，㉚÷⑤＝６(日)で草がなくなる。

3　**【解き方】ア，イに入る記号の組み合わせは全部で４×４＝16(組)しかないので，すべて書き出してまとめるとよい。右表のようになる。**

３＋２＋１＝６	３×２＋１＝７
３＋２－１＝４	３×２－１＝５
３＋２×１＝５	３×２×１＝６
３＋２÷１＝５	３×２÷１＝６
３－２＋１＝２	３÷２＋１＝2.5
３－２－１＝０	３÷２－１＝0.5
３－２×１＝１	３÷２×１＝1.5
３－２÷１＝１	３÷２÷１＝1.5

⑴⑵　ウに入る数のうち整数は，０，１，２，４，５，６，７の７種類ある。
小数は0.5，1.5，2.5の３種類ある。よって，全部で，７＋３＝10(種類)

⑶　右表と①～④の条件を見比べると，①，③が小数になる条件とわかる。

4　⑴　**【解き方】三角柱の体積は，(底面積)×(高さ)で求める。**

図１の三角柱の底面積は，６×８÷２＝24(㎠)で，水面の高さが15㎝だから，水の体積は，24×15＝360(㎤)

⑵　**【解き方】床につける面を変えても，水が入っていない部分の容積は変わらないことを利用する。**

図２に水が入っている状態は右図のようになる。水が入っていない部分は，
底面が三角形ＱＢＰで高さがＡＤ＝20㎝の三角柱とみることができる。
⑴より，水が入っていない部分の容積は，24×(20－15)＝120(㎤)だから，
三角形ＱＢＰの面積は，120÷20＝６(㎠)

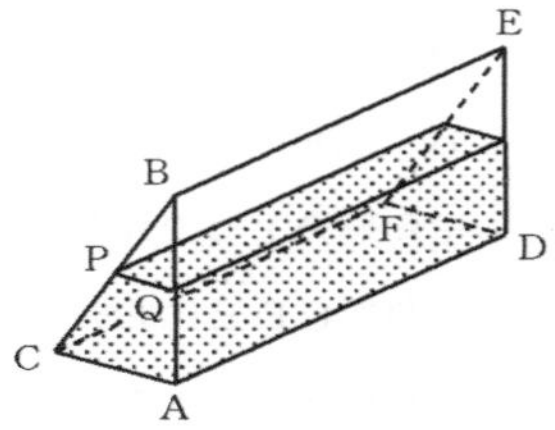

対応する辺の比がａ：ｂの同じ形の図形の面積比は(ａ×ａ)：(ｂ×ｂ)である
ことを利用する。三角形ＡＢＣと三角形ＱＢＰは同じ形で，面積比が24：６＝４：１＝(２×２)：(１×１)だから，ＡＢ：ＱＢ＝２：１　　よって，$ＱＢ＝ＡＢ×\frac{1}{2}＝８×\frac{1}{2}＝４$(㎝)だから，水面の高さは，８－４＝４(㎝)

⑶　**【解き方】図３に水が入っている状態は右図のようになる。⑵と同様に，水が入っていない部分の容積は120㎤となるから，三角形ＡＧＨの面積は６㎠である。**

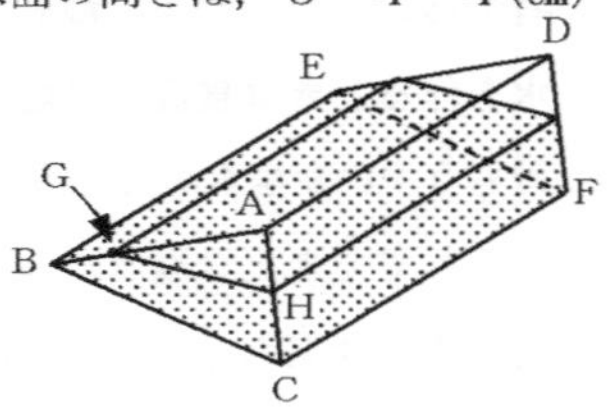

ＡＧ＝ＡＢ－ＢＧ＝８－３＝５(㎝)だから，ＡＨ＝６×２÷５＝2.4(㎝)
よって，ＣＨ＝ＡＣ－ＡＨ＝６－2.4＝3.6(㎝)

5　⑴(ア)　ＢＰ，ＣＰと同じ長さの直線を探す。60°という角度が出てきたことから，正三角形を利用するのではないかと予想できる。

(イ)　４点Ａ，Ｐ，Ｑ，Ｄが１つの直線上にあるとき右図のようになる。
三角形ＰＢＱが正三角形だから，角㋑＝180°－60°＝120°

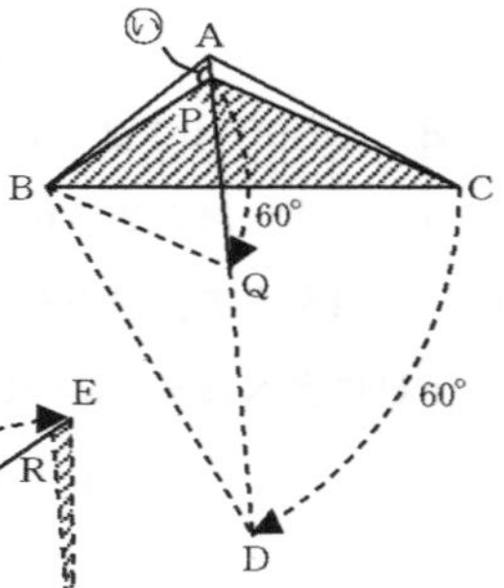

⑵　**【解き方】三角形ＰＣＡをＣを中心に時計回りに60°回転させてできる三角形を三角形ＲＣＥとする。**

三角形ＰＣＡと三角形ＲＣＥが合同だから，ＣＰ＝ＣＲ，ＡＰ＝ＥＲ
三角形ＰＣＲは正三角形だから，ＣＰ＝ＰＲ
したがって，ＡＰ＋ＢＰ＋ＣＰ＝ＥＲ＋ＢＰ＋ＰＲだから，
４点Ｂ，Ｐ，Ｒ，Ｅが１つの直線上にあるとき，ＡＰ＋ＢＰ＋ＣＰが最も短くなる。これより，Ｐが直線ＢＥ上にあればよい。
⑴からＰは直線ＡＤ上にあればよいので，直線ＡＤと直線ＢＥの交わる点にＰがあればよい。

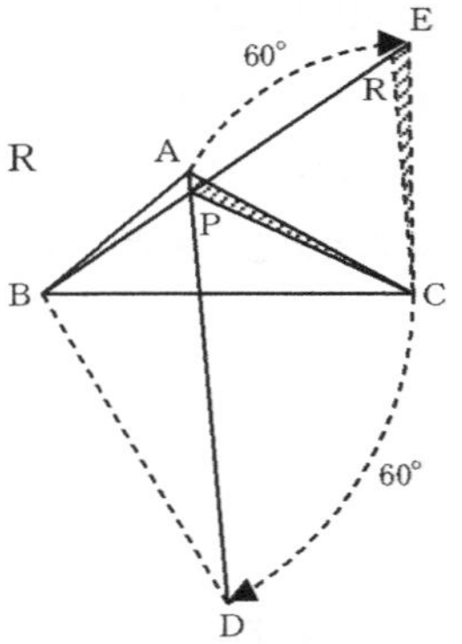

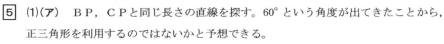

■ ご使用にあたってのお願い・ご注意

（1）問題文等の非掲載

著作権上の都合により，問題文や図表などの一部を掲載できない場合があります。

誠に申し訳ございませんが，ご了承くださいますようお願いいたします。

（2）過去問における時事性

過去問題集は，学習指導要領の改訂や社会状況の変化，新たな発見などにより，現在とは異なる表記や解説になっている場合があります。過去問の特性上，出題当時のままで出版していますので，あらかじめご了承ください。

（3）配点

学校等から配点が公表されている場合は，記載しています。公表されていない場合は，記載していません。

独自の予想配点は，出題者の意図と異なる場合があり，お客様が学習するうえで誤った判断をしてしまう恐れがあるため記載していません。

（4）無断複製等の禁止

購入された個人のお客様が，ご家庭でご自身またはご家族の学習のためにコピーをすることは可能ですが，それ以外の目的でコピー，スキャン，転載（ブログ，ＳＮＳなどでの公開を含みます）などをすることは法律により禁止されています。学校や学習塾などで，児童生徒のためにコピーをして使用することも法律により禁止されています。

ご不明な点や，違法な疑いのある行為を確認された場合は，弊社までご連絡ください。

（5）けがに注意

この問題集は針を外して使用します。針を外すときは，けがをしないように注意してください。また，表紙カバーや問題用紙の端で手指を傷つけないように十分注意してください。

（6）正誤

制作には万全を期しておりますが，万が一誤りなどがございましたら，弊社までご連絡ください。

なお，誤りが判明した場合は，弊社ウェブサイトの「ご購入者様のページ」に掲載しておりますので，そちらもご確認ください。

■ お問い合わせ

解答例，解説，印刷，製本など，問題集発行におけるすべての責任は弊社にあります。

ご不明な点がございましたら，弊社ウェブサイトの「お問い合わせ」フォームよりご連絡ください。迅速に対応いたしますが，営業日の都合で回答に数日を要する場合があります。

ご入力いただいたメールアドレス宛に自動返信メールをお送りしています。自動返信メールが届かない場合は，「よくある質問」の「メールの問い合わせに対し返信がありません。」の項目をご確認ください。

また弊社営業日（平日）は，午前９時から午後５時まで，電話でのお問い合わせも受け付けています。

2025 春

教英出版

株式会社教英出版

〒422-8054　静岡県静岡市駿河区南安倍３丁目 12-28

TEL　054-288-2131　　FAX　054-288-2133

URL　https://kyoei-syuppan.net/

MAIL siteform@kyoei-syuppan.net

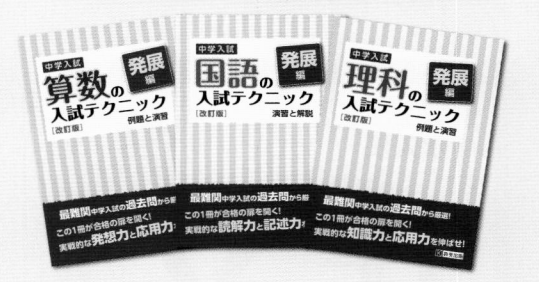

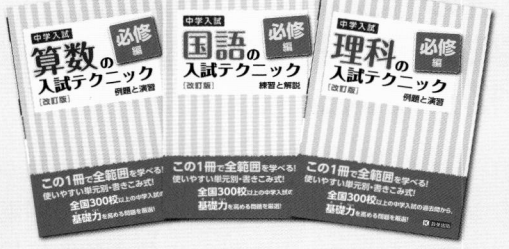

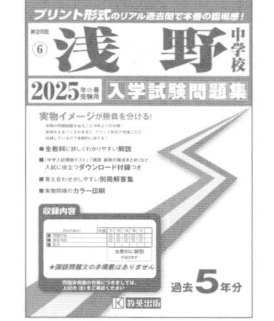

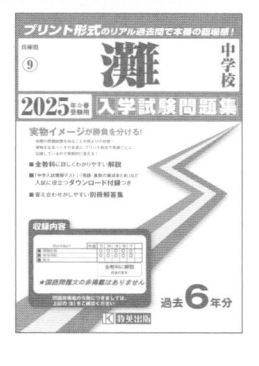

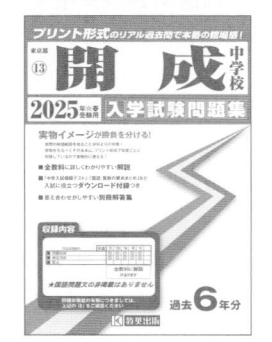

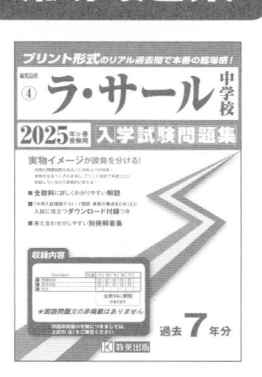

神奈川県

① [県立] 相模原中等教育学校
　　　　平塚中等教育学校
② [市立] 南高等学校附属中学校
③ [市立] 横浜サイエンスフロンティア高等学校附属中学校
④ [市立] 川崎高等学校附属中学校
✿⑤聖光学院中学校
✿⑥浅野中学校
⑦洗足学園中学校
⑧法政大学第二中学校
⑨逗子開成中学校（１次）
⑩逗子開成中学校（2･3次）
⑪神奈川大学附属中学校（第1回）
⑫神奈川大学附属中学校（第2･3回）
⑬栄光学園中学校
⑭フェリス女学院中学校

新潟県

① [県立] 村上中等教育学校
　　　　柏崎翔洋中等教育学校
　　　　燕中等教育学校
　　　　津南中等教育学校
　　　　直江津中等教育学校
　　　　佐渡中等教育学校
② [市立] 高志中等教育学校
③新潟第一中学校
④新潟明訓中学校

石川県

① [県立] 金沢錦丘中学校
②星稜中学校

福井県

① [県立] 高志中学校

山梨県

①山梨英和中学校
②山梨学院中学校
③駿台甲府中学校

長野県

① [県立] 屋代高等学校附属中学校
　　　　諏訪清陵高等学校附属中学校
② [市立] 長野中学校

岐阜県

①岐阜東中学校
②鶯谷中学校
③岐阜聖徳学園大学附属中学校

静岡県

① [国立] 静岡大学教育学部附属中学校
　　　　（静岡･島田･浜松）
② [県立] 清水南高等学校中等部
　[県立] 浜松西高等学校中等部
　[市立] 沼津高等学校中等部
③不二聖心女子学院中学校
④日本大学三島中学校
⑤加藤学園暁秀中学校
⑥星陵中学校
⑦東海大学付属静岡翔洋高等学校中等部
⑧静岡サレジオ中学校
⑨静岡英和女学院中学校
⑩静岡雙葉中学校
⑪静岡聖光学院中学校
⑫静岡学園中学校
⑬静岡大成中学校
⑭城南静岡中学校
⑮静岡北中学校
⑯常葉大学附属常葉中学校
　常葉大学附属橘中学校
　常葉大学附属菊川中学校
⑰藤枝明誠中学校
⑱浜松開誠館中学校
⑲静岡県西遠女子学園中学校
⑳浜松日体中学校
㉑浜松学芸中学校

愛知県

① [国立] 愛知教育大学附属名古屋中学校
②愛知淑徳中学校
③名古屋経済大学市邨中学校
　名古屋経済大学高蔵中学校
④金城学院中学校
⑤椙山女学園中学校
⑥東海中学校
⑦南山中学校男子部
⑧南山中学校女子部
⑨聖霊中学校
⑩滝中学校
⑪名古屋中学校
⑫大成中学校
⑬愛知中学校
⑭星城中学校
⑮名古屋葵大学中学校
　（名古屋女子大学中学校）
⑯愛知工業大学名電中学校
⑰海陽中等教育学校（特別給費生）
⑱海陽中等教育学校（I･II）
⑲中部大学春日丘中学校
新刊⑳名古屋国際中学校

三重県

① [国立] 三重大学教育学部附属中学校
②暁中学校
③海星中学校
④四日市メリノール学院中学校
⑤高田中学校
⑥セントヨゼフ女子学園中学校
⑦三重中学校
⑧皇學館中学校
⑨鈴鹿中等教育学校
⑩津田学園中学校

滋賀県

① [国立] 滋賀大学教育学部附属中学校
② [県立] 河瀬中学校
　　　　守山中学校
　　　　水口東中学校

京都府

① [国立] 京都教育大学附属桃山中学校
② [府立] 洛北高等学校附属中学校
③ [府立] 園部高等学校附属中学校
④ [府立] 福知山高等学校附属中学校
⑤ [府立] 南陽高等学校附属中学校
⑥ [市立] 西京高等学校附属中学校
⑦同志社中学校
⑧洛星中学校
⑨洛南高等学校附属中学校
⑩立命館中学校
⑪同志社国際中学校
⑫同志社女子中学校（前期日程）
⑬同志社女子中学校（後期日程）

大阪府

① [国立] 大阪教育大学附属天王寺中学校
② [国立] 大阪教育大学附属平野中学校
③ [国立] 大阪教育大学附属池田中学校

④[府立]富田林中学校
⑤[府立]咲くやこの花中学校
⑥[府立]水都国際中学校
⑦清風中学校
⑧高槻中学校（A日程）
⑨高槻中学校（B日程）
⑩明星中学校
⑪大阪女学院中学校
⑫大谷中学校
⑬四天王寺中学校
⑭帝塚山学院中学校
⑮大阪国際中学校
⑯大阪桐蔭中学校
⑰開明中学校
⑱関西大学第一中学校
⑲近畿大学附属中学校
⑳金蘭千里中学校
㉑金光八尾中学校
㉒清風南海中学校
㉓帝塚山学院泉ヶ丘中学校
㉔同志社香里中学校
㉕初芝立命館中学校
㉖関西大学中等部
㉗大阪星光学院中学校

兵庫県

①[国立]神戸大学附属中等教育学校
②[県立]兵庫県立大学附属中学校
③雲雀丘学園中学校
④関西学院中学部
⑤神戸女学院中学部
⑥甲陽学院中学校
⑦甲南中学校
⑧甲南女子中学校
⑨灘中学校
⑩親和中学校
⑪神戸海星女子学院中学校
⑫滝川中学校
⑬啓明学院中学校
⑭三田学園中学校
⑮淳心学院中学校
⑯仁川学院中学校
⑰六甲学院中学校
⑱須磨学園中学校(第1回入試)
⑲須磨学園中学校(第2回入試)
⑳須磨学園中学校(第3回入試)
㉑白陵中学校
㉒夙川中学校

奈良県

①[国立]奈良女子大学附属中等教育学校
②[国立]奈良教育大学附属中学校
③[県立] 国際中学校
青翔中学校
④[市立]一条高等学校附属中学校
⑤帝塚山中学校
⑥東大寺学園中学校
⑦奈良学園中学校
⑧西大和学園中学校

和歌山県

①[県立] 古佐田丘中学校
向陽中学校
桐蔭中学校
日高高等学校附属中学校
田辺中学校
②智辯学園和歌山中学校
③近畿大学附属和歌山中学校
④開智中学校

岡山県

①[県立]岡山操山中学校
②[県立]倉敷天城中学校
③[県立]岡山大安寺中等教育学校
④[県立]津山中学校
⑤岡山中学校
⑥清心中学校
⑦岡山白陵中学校
⑧金光学園中学校
⑨就実中学校
⑩岡山理科大学附属中学校
⑪山陽学園中学校

広島県

①[国立]広島大学附属中学校
②[国立]広島大学附属福山中学校
③[県立]広島中学校
④[県立]三次中学校
⑤[県立]広島叡智学園中学校
⑥[市立]広島中等教育学校
⑦[市立]福山中学校
⑧広島学院中学校
⑨広島女学院中学校
⑩修道中学校
⑪崇徳中学校
⑫比治山女子中学校
⑬福山暁の星女子中学校
⑭安田女子中学校
⑮広島なぎさ中学校
⑯広島城北中学校
⑰近畿大学附属広島中学校福山校
⑱盈進中学校
⑲如水館中学校
⑳ノートルダム清心中学校
㉑銀河学院中学校
㉒近畿大学附属広島中学校東広島校
㉓AICJ中学校
㉔広島国際学院中学校
㉕広島修道大学ひろしま協創中学校

山口県

①[県立] 下関中等教育学校
高森みどり中学校
②野田学園中学校

徳島県

①[県立] 富岡東中学校
川島中学校
城ノ内中等教育学校
②徳島文理中学校

香川県

①大手前丸亀中学校
②香川誠陵中学校

愛媛県

①[県立] 今治東中等教育学校
松山西中等教育学校
②愛光中学校
③済美平成中等教育学校
④新田青雲中等教育学校

高知県

①[県立] 安芸中学校
高知国際中学校
中村中学校

福岡県

①[国立]福岡教育大学附属中学校（福岡・小倉・久留米）
②[県立]育徳館中学校／門司学園中学校／宗像中学校／嘉穂高等学校附属中学校／輝翔館中等教育学校
③西南学院中学校
④上智福岡中学校
⑤福岡女学院中学校
⑥福岡雙葉中学校
⑦照曜館中学校
⑧筑紫女学園中学校
⑨敬愛中学校
⑩久留米大学附設中学校
⑪飯塚日新館中学校
⑫明治学園中学校
⑬小倉日新館中学校
⑭久留米信愛中学校
⑮中村学園女子中学校
⑯福岡大学附属大濠中学校
⑰筑陽学園中学校
⑱九州国際大学付属中学校
⑲博多女子中学校
⑳東福岡自彊館中学校
㉑八女学院中学校

佐賀県

①[県立]香楠中学校／致遠館中学校／唐津東中学校／武雄青陵中学校
②弘学館中学校
③東明館中学校
④佐賀清和中学校
⑤成穎中学校
⑥早稲田佐賀中学校

長崎県

①[県立]長崎東中学校／佐世保北中学校／諫早高等学校附属中学校
②青雲中学校
③長崎南山中学校
④長崎日本大学中学校
⑤海星中学校

熊本県

①[県立]玉名高等学校附属中学校／宇土中学校／八代中学校
②真和中学校
③九州学院中学校
④ルーテル学院中学校
⑤熊本信愛女学院中学校
⑥熊本マリスト学園中学校
⑦熊本学園大学付属中学校

大分県

①[県立]大分豊府中学校
②岩田中学校

宮崎県

①[県立]五ヶ瀬中等教育学校
②[県立]宮崎西高等学校附属中学校／都城泉ヶ丘高等学校附属中学校
③宮崎日本大学中学校
④日向学院中学校
⑤宮崎第一中学校

鹿児島県

①[県立]楠隼中学校
②[市立]鹿児島玉龍中学校
③鹿児島修学館中学校
④ラ・サール中学校
⑤志學館中等部

沖縄県

①[県立]与勝緑が丘中学校／開邦中学校／球陽中学校／名護高等学校附属桜中学校

もっと過去問シリーズ

北海道

北嶺中学校
7年分（算数・理科・社会）

静岡県

静岡大学教育学部附属中学校（静岡・島田・浜松）
10年分（算数）

愛知県

愛知淑徳中学校
7年分（算数・理科・社会）
東海中学校
7年分（算数・理科・社会）
南山中学校男子部
7年分（算数・理科・社会）
南山中学校女子部
7年分（算数・理科・社会）
滝中学校
7年分（算数・理科・社会）
名古屋中学校
7年分（算数・理科・社会）

岡山県

岡山白陵中学校
7年分（算数・理科）

広島県

広島大学附属中学校
7年分（算数・理科・社会）
広島大学附属福山中学校
7年分（算数・理科・社会）
広島学院中学校
7年分（算数・理科・社会）
広島女学院中学校
7年分（算数・理科・社会）
修道中学校
7年分（算数・理科・社会）
ノートルダム清心中学校
7年分（算数・理科・社会）

愛媛県

愛光中学校
7年分（算数・理科・社会）

福岡県

福岡教育大学附属中学校（福岡・小倉・久留米）
7年分（算数・理科・社会）
西南学院中学校
7年分（算数・理科・社会）
久留米大学附設中学校
7年分（算数・理科・社会）
福岡大学附属大濠中学校
7年分（算数・理科・社会）

佐賀県

早稲田佐賀中学校
7年分（算数・理科・社会）

長崎県

青雲中学校
7年分（算数・理科・社会）

鹿児島県

ラ・サール中学校
7年分（算数・理科・社会）

※もっと過去問シリーズは国語の収録はありません。

教英出版
〒422-8054
静岡県静岡市駿河区南安倍3丁目12−28
TEL 054-288-2131
FAX 054-288-2133
詳しくは教英出版で検索
教英出版　検索
URL https://kyoei-syuppan.net/

2024年度志學館中等部入学試験問題

国　語

（60分）

【 受験上の注意 】

1． 試験開始の合図があるまで,この問題冊子の中を見てはいけません。
2． 解答は、この冊子の間にはさんである解答用紙の解答らんのわく内に収まるように全て記入しなさい。
3． この問題冊子と解答用紙には、受験番号・名前を必ず記入しなさい。
4． 字数制限のあるものは、原則として句読点や「　」も一字に数えます。（指示のあるものは除く。）
5．メモは、問題冊子の余白を利用しなさい。

受験番号		名　前	

志學館 中等部 高等部

2024(R6) 志學館中等部
K 教英出版

【一】次の文章を読んで、後の問いに答えなさい。

「世間」という言葉を聞いたことがあるでしょうか？　ひょっとしたらないかもしれませんね。

「社会」はありますね。科目にもなっていますが、①その意味ではありません。

今から、「世間」と「社会」とは何かという説明をします。

少し長い話になります。

「どうしてこんなことを読まないといけないのだろう」と思うかもしれません。

でも、あなたの生き苦しさと「世間」と「社会」は密接に関係しているのです。

「世間」と「社会」という二つの言葉を理解すると、あなたの生き苦しさのヒミツがよく分かるようになるのです。

この二つの言葉は、大事なキーなのです。どうか、ガマンして、読み続けて下さい。決して、難しい話ではありませんから。

「世間」というのは、あなたと、現在または将来、（　Ａ　）人達のことです。

具体的には、（　Ｂ　）や塾で出会う友達、地域のサークルの人や（　Ｃ　）が、あなたにとって「世間」です。

「世間」の反対語は、「社会」です。

「社会」というのは、あなたと、現在または将来、なんの関係もない人達のことです。

例えば、（　Ｄ　）とか、電車で隣に座っている人とか、初めていくコンビニのバイトの人、（　Ｅ　）などです。

日本は②「世間」と「社会」という、二つの世界によって成り立っているのです。

具体的にどういうことか、説明しましょう。

あなたはおばさん達の団体旅行とかに出会ったことはありませんか？

昔、僕が駅で電車を待っていた時のことです。

周りにおばさん達が何人かいました。

電車がホームに入ってきて、ドアが開くと、③僕の前にいたおばさんが駆け込みました。

そして、四人掛けのシートの前に立って、僕の後ろに向かって声をかけました。

「鈴木さん！　山田さん！　ここ、ここ！」

後から来たおばさん達は、その声に従って、僕を追い越して当然のようにシートに座りました。

僕ともう一人の乗客は、おばさんにブロックされて、シートに座れませんでした。

一般的なルールでは、乗ってきた順番にシートに座るはずです。でも、このおばさんは、僕達を無視して、後ろの仲間を呼んだのです。

どうです。こんな光景、見たことないですか？

僕を無視したおばさんは、冷たい人でしょうか？　そうじゃない、ということをあなたは分かるでしょう。

このおばさんは、おばさんを知る人達の間では、おそらく、世話好きで面倒見がいいと思われてるはずです。

おばさんは、自分に関係のある人達を大切にしているのです。

「世間」は、自分と関係のある人達のことだと書きました。

［ X ］、このおばさんは、自分の「世間」を大切にしているのです。

そして、次に乗ってきた僕ともう一人の乗客は、自分と関係のない「社会」の人なのです。だから、簡単に無視できるのです。

日本人は、基本的に「世間」に生きています。

自分に関係のある人達をとても大切にします。［ Y ］、自分に関係のない「社会」に生きる人達は、無視して平気なのです。

それは、冷たいとかいじわるとかではなく、生きる世界が違うと思っているからです。

あなたも、街で知り合いに会うと、気兼ねなく声をかけるでしょう。

「世間」に生きている人とは、普通に話せます。

でも、知らない人にはなかなか声をかけられないはずです。それは、「社会」に生きる人だからです。

＊『cool japan』に出演しているブラジル人が、ある日、僕に言いました。

「日本人は本当に優しい人達だと思う。３・11の東日本大震災の時、みんなが助け合っていた。私の国だったら、コンビニが襲われたり、交通が乱れてパニックになっていただろう。でも、日本人は、そんなことはなかった。素晴らしい」

ところが、数日後、彼は戸惑った顔をして僕に言いました。

「今日、ベビーカーを抱えた女性が、駅の階段を上がろうとしていた。彼女は、ふうふう言いながら、ベビーカーを抱えていた。信じられない。私の国なら、すぐに彼女を助けて、ベビーカーを代わりに持ってあげるだろう。④どうして日本人は彼女を助けないのか？　日本人は優しい人達じゃなかったのか？」

どうして助けないのか、日本人のあなたなら、その理由は分かるでしょう。

日本人は冷たいからか？　違いますよね。

ベビーカーを抱えている女性は、あなたにとって「社会」に生きる人だからですよね。

つまり、あなたと関係ない人だから、あなたは手を貸さないのです。いえ、貸せないと言ってもいいです。他人には声をかけにくいのです。

もし、その女性が、あなたの知っている人なら、あなたは間違いなく、すぐに助けたでしょう。

冷たいとか冷たくないとか、関係ないのです。

私達日本人は、自分と関係のある「世間」の人達とは簡単に交流するけれど、自分と関係のない「社会」の人達とは、なるべく関わらないようにしているのです。

というか、より正確に言えば、関わり方が分からないのです。

（鴻上尚史『「空気」を読んでも従わない』岩波ジュニア新書より）

＊『cool　japan』……筆者が司会を務めるテレビ番組。

問一　空欄《くうらん》［　X　］・［　Y　］に入る言葉として適切なものをそれぞれ次の中から選び、記号で答えなさい。

ア　たとえば　　イ　だから　　ウ　けれど　　エ　つまり　　オ　さらに

問二　傍線部①「その意味」とはどのような意味か。十五字程度で答えなさい。

問三　空欄（　A　）に入る言葉を本文中から五字で抜き出して答えなさい。

問四　空欄（　B　）～（　E　）には次のいずれかの言葉が入る。これらを傍線部②『世間』と『社会』という、二つの世界」に分類し、それぞれ記号で答えなさい。

ア　道ですれ違った人　　イ　学校のクラスメイト　　ウ　隣町の学校の生徒　　エ　親しい近所の人達

問五　傍線部③「僕の前にいたおばさん」のとった行為を説明した次の文の空欄に入る言葉を本文中から抜き出して答えなさい。

このおばさんの行為は、「社会」的に見れば（Ⅰ）に反する行為だが、「世間」的に見れば（Ⅱ）行為といえる。

問六　傍線部④「どうして日本人は彼女を助けないのか？」とあるが、その理由について説明した次の文の空欄に入る内容を、（Ⅲ）は十五字以内で、（Ⅳ）は五十五字以内で答えなさい。

ベビーカーの女性は（Ⅲ）であり、日本人は（Ⅳ）から。

問七　「社会」の人と関わっていこうとするときに、あなたはどのような活動をしたいですか。理由も含めて百字以内で書きなさい。

【二】 次の文章を読んで、後の問いに答えなさい。

小学五年生の翼は、クラスメイトとのケンカがきっかけで、学校に行くのがどうしても嫌になった。居場所がない翼は、祖父母であるフルばあとフルじい（＝タダシさん）のところで過ごしている。ある日、翼はフリースクールに通っている従妹《いとこ》のまいちゃんに会いにいく。

お詫び

著作権上の都合により、文章は掲載しておりません。
ご不便をおかけし、誠に申し訳ございません。

教英出版

5　次の問いに答えなさい。

(1)　図1のような1辺の長さが2cmの正方形について考えます。斜線《しゃせん》部分の面積は何cm^2ですか。

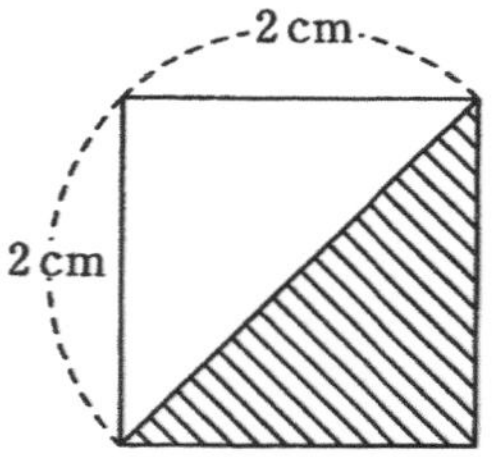

図1

(2)　図2のような1辺の長さが2cmの正方形について考えます。三角形ABCの面積は何cm^2ですか。

ただし，点Aと点Bは辺の真ん中の点であり，点Cは正方形の頂点です。

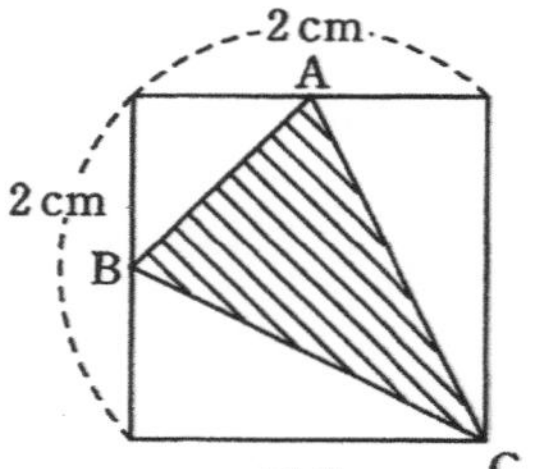

図2

(3)　図3のような1辺の長さが4cmの立方体について考えます。立方体を図3のように3点D，E，Fを通る平面で切ったときの切り口の面積は何cm^2ですか。

ただし，点Dと点Eは辺の真ん中の点であり，点Fは立方体の頂点です。

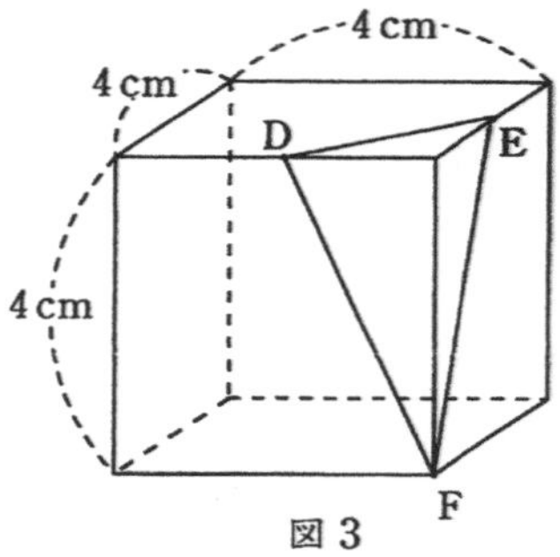

図3

(4)　図4のような直方体について考えます。直方体を図4のように4点G，H，I，Jを通る平面で切ったときの切り口の面積は何cm^2ですか。

ただし，点Hと点Jは辺の真ん中の点であり，点Gと点Iは直方体の頂点です。

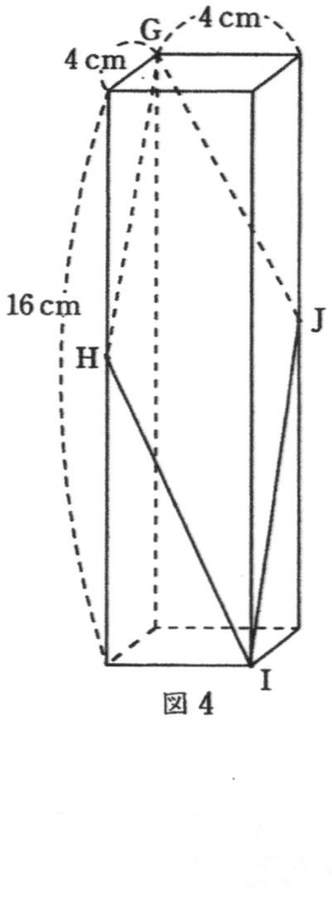

図4

4　下の図のように，直線上に長方形と直角三角形があります。図の位置から直角三角形は動かずに，長方形は直線にそって毎秒 1 cm の速さで右へ動きます。
このとき，次の問いに答えなさい。

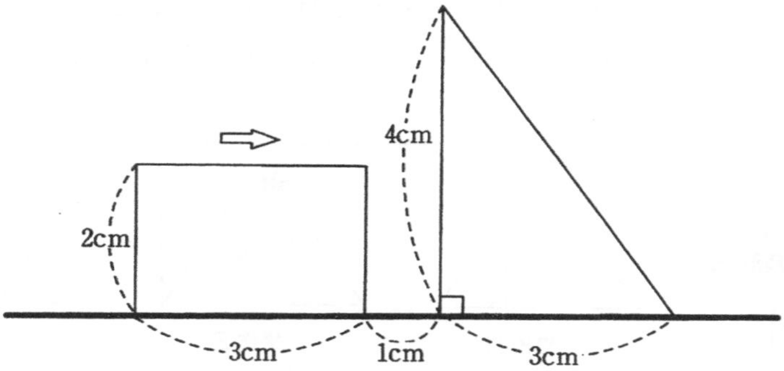

(1)　長方形と直角三角形が重なった部分の面積が初めて 3 cm^2 になるのは，長方形が動き始めてから何秒後ですか。

(2)　長方形と直角三角形が重なった部分の面積がもっとも大きくなるのは，長方形が動き始めてから何秒後ですか。

(3)　長方形が動き始めてから 3 秒後に，長方形と直角三角形が重なった部分の面積は何 cm^2 ですか。

(4)　長方形と直角三角形が重なった部分の面積が 2 度目に 2 cm^2 になるのは，長方形が動き始めてから何秒後ですか。

3　カードの動かし方について考えます。

カードを左右に裏返す操作《そうさ》をA，上下に裏返す操作をB，時計回りに90度回転する操作をC，反時計回りに90度回転する操作をD，そのまま動かさない操作をEとします。

たとえば，直角三角形のカード(あ)に対してA，B，C，D，Eの操作を行うと，図のようになります。

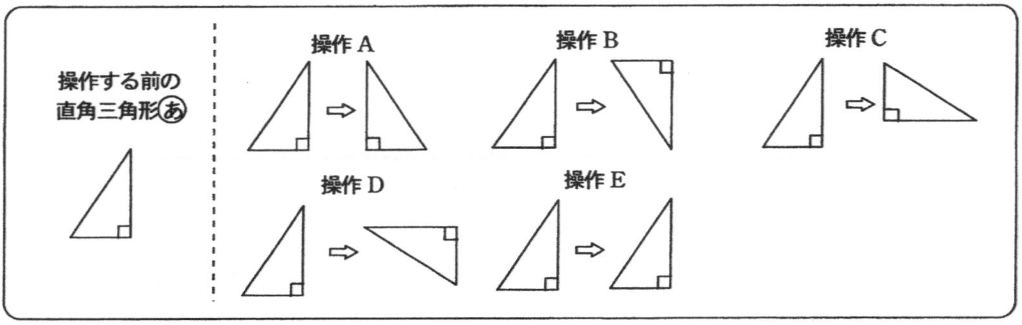

このとき，次の問いに答えなさい。

(1)　操作する前の直角三角形のカード(あ)を，C，Aの順番で操作すると，カード(あ)はどのような状態になりますか。次の**ア**～**オ**の中から選びなさい。

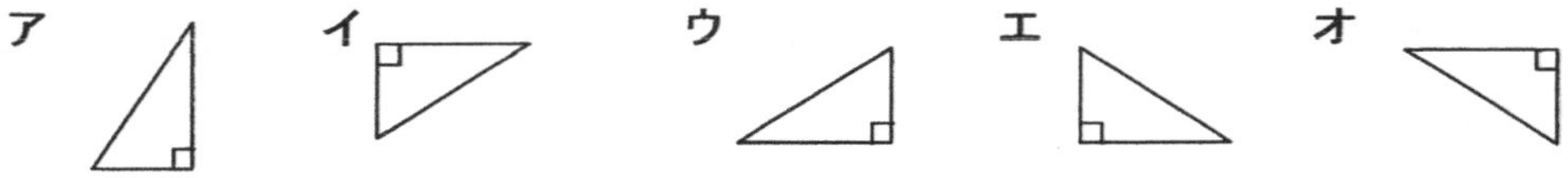

(2)　操作する前の直角三角形のカード(あ)を，2回の操作でもとの状態と同じ状態になる操作の順番は何通りですか。

(3)　操作する前の直角三角形のカード(あ)を，3回の操作でもとの状態と同じ状態になる操作の順番は何通りですか。

(4)　右図のような正三角形のカードを，2回の操作でもとの状態と同じ状態になる操作の順番は何通りですか。

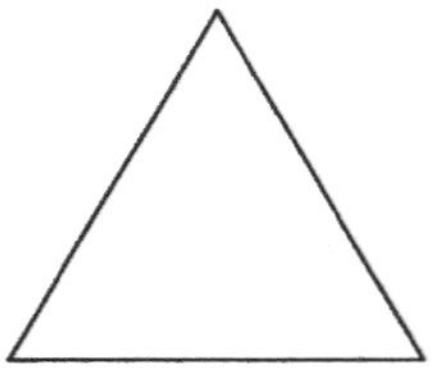

問４　下線部④について，地表に降った雨は，流れて土砂を運びます。土砂はつぶの大きさで３種類に分類できますが，３種類の土砂が混ざったものが水によって運ばれて，たい積したときのようすを**図２**の**ア～オ**から選び記号で答えなさい。

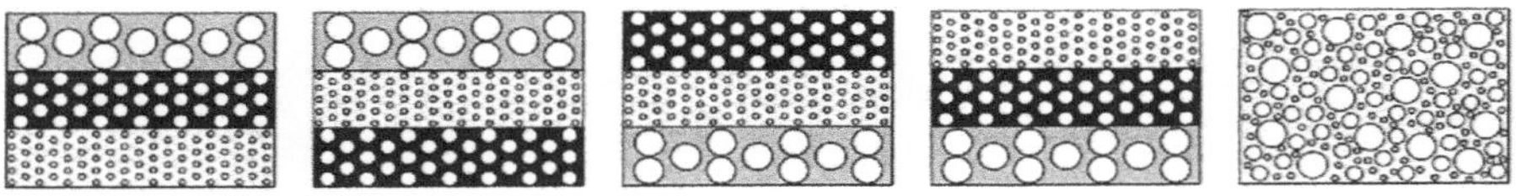

図２

【文章**B**】

本州の日本海側で起きるフェーン現象は，湿《しめ》った空気が太平洋側から高い山脈をこえて日本海側に吹きおりたときに起きやすくなっています。

空気は，風により山などの高いところに上昇すると，100m高くなるごとに温度が１℃ずつ下がる性質があります。空気が上昇すると空気中に含まれる水蒸気の量が同じでも湿度は高くなり，やがて100%に達すると水滴ができ，それが雲となります。また，水蒸気が水滴になるときは，まわりを温める性質があるため，雲ができている空気が上昇すると，100m高くなるごとに温度が0.5℃ずつ下がります。このように，雲ができた空気の温度は，下がり方がゆるやかになりながら雨や雪を降らせ，空気中の水分量は減少していきます。そして，上昇した空気が山頂をこえて下降を始めると，空気が上昇するときとは逆に，空気の温度は上がります。このため雲はなくなり，高さが100m低くなるごとに温度は１℃ずつ上昇し，風上側に比べて風下側の温度が高くなります。

高さ2500mの山の風上側の，高さ０ｍの地点から25℃の空気が上昇したところ，高さ1000mで雲ができ，やがて山頂にかけて雨を降らせました。この空気が山頂にたどり着いたときの温度は（　**ア**　）℃で，山頂をこえるときに雲はすべて雨となり消えました。山頂をこえて吹きおりた空気は温度が上がり，風下側の高さ０ｍの地点では（　**イ**　）℃になりました。

このように，フェーン現象は，湿潤《しつじゅん》な空気が山をこえて吹くときに，風下側で吹く乾燥《かんそう》した高温の風により付近の気温が高くなる現象です。

問５　文章**B**中の（　**ア**　），（　**イ**　）に入る数字を答えなさい。

問６　**図３**の**X**の地域は，冬に起こるフェーン現象によって冷え込みが和らぐことがあります。このときのフェーン現象は，大陸から吹き出す乾燥した風がもとになりますが，大陸から吹き出た風がどのようにしてフェーン現象を起こすかを，「日本海」「水蒸気」「**Y**山脈」「雪」の語句を使って説明しなさい。

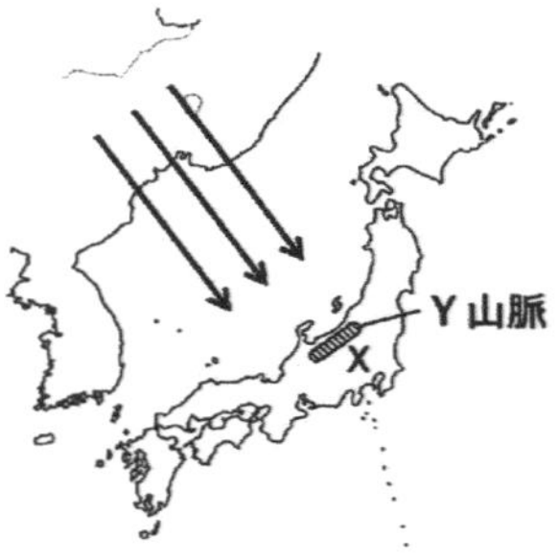

図３

3 【文章A】と【文章B】を読んで，次の各問いに答えなさい。

【文章A】

2023年の8月，本州の日本海側の広い範囲《はんい》で，最高気温が40℃近くになる日が続きました。これは，フェーン現象が原因といわれています。このフェーン現象では，太平洋側から吹く風が①日本アルプスなどの高い山脈をこえて吹きおりたときに，その地域の気温が上昇します。

フェーン現象の要因の一つは，②空気に含まれている水蒸気です。空気に含まれる水蒸気の量は，湿度《しつど》で示すことができます。湿度は，空気に含むことができる水蒸気の最大量を100としたときの，実際に含まれている水蒸気の量の割合を，百分率で表したものです。空気に含むことができる水蒸気の量は，温度が高いと多く，温度が低いと少なくなることから，同じ量の水蒸気を含む空気でも，温度が下がると湿度は高くなり，温度が上がると湿度は低くなります。湿度が100%に達すると，空気に含まれていた③水蒸気は水滴にすがたを変え，これが雲となり④雨や雪を降らせます。

問1　下線部①について，本州中部の高山には，ライチョウという鳥が生息しています。ライチョウは，**図1**の写真のように冬は白色の羽毛になり，春は黒褐色《こっかっしょく》や黄褐色《おうかっしょく》に，夏は暗褐色《あんかっしょく》の羽毛にと3回色が変わります。

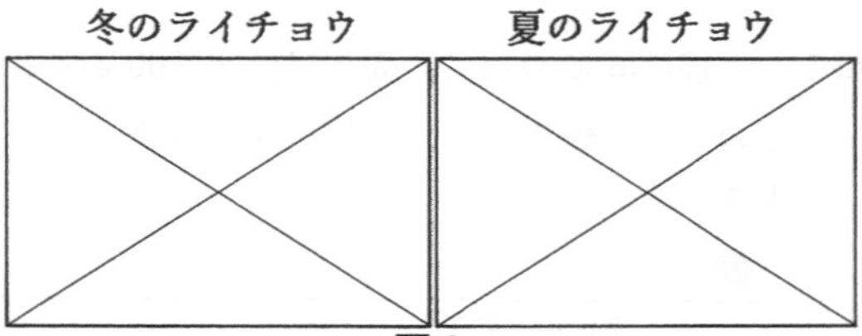

図1

（1）ライチョウの羽毛の色が変わることにはどのような利点があると考えられますか。簡潔に説明しなさい。

（2）ライチョウと同じ鳥の仲間を次の**ア**～**カ**からすべて選び，記号で答えなさい。

ア　ニワトリ　　**イ**　クジラ　　**ウ**　ペンギン
エ　メダカ　　**オ**　カエル　　**カ**　ダンゴムシ

問2　下線部②について，空気の成分は，ほとんどがちっ素と酸素です。空気1 m^3のおもさは何gですか。ただし，空気に含まれるちっ素と酸素の体積の割合は，それぞれ78%，22%とします。また，ちっ素と酸素の1Lのおもさは，それぞれ1.2g，1.4gとします。

問3　下線部③のような変化を状態変化といい，氷が水に変わることもその一種です。一定の温度に保たれた部屋の中で，氷の温度を測定する実験をしました。実験開始からの時間と温度の記録をとっていましたが，途中の記録を誤って消してしまいました。残っている記録（**表1**）から，消してしまった部分を予想し，この実験の時間経過と温度の関係のグラフをかきなさい。

表1

時間〔分〕	0	4	5～19	20	24	28
温度〔℃〕	−12	−4	記録なし	2	6	10

問4　下線部④について，モーターは，永久磁石とコイルがつくり出す電磁石によって，回転し続ける仕組みになっています。**図1**の器具を使って，電磁石に流れる電流の向きを切り替える仕組みを説明するための回路をつくります。手でスイッチを**A**側と**B**側に切り替えることで，電流の向きが変わり，電磁石のN極とS極が変わるように回路を完成させなさい。

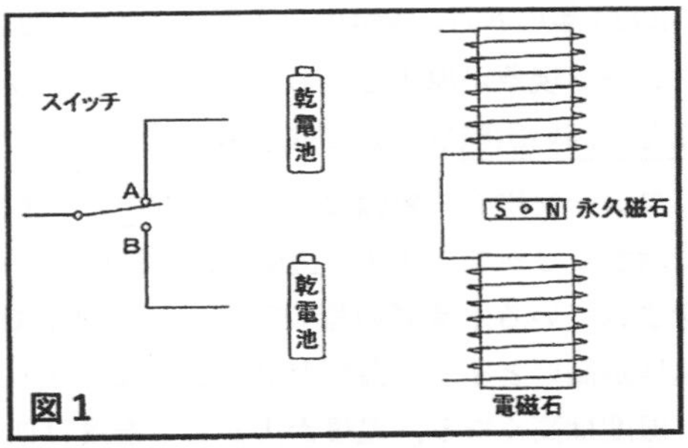

図1

問5　下線部⑤について，受精とはどのようなことですか。15字程度で説明しなさい。

問6　下線部⑥について，**表1**は，水100gにとかすことのできる二酸化炭素と砂糖のおもさを表したものです。**表1**から，二酸化炭素の水へのとけやすさと温度の関係についてわかることを，簡単に書きなさい。

表1

温度〔℃〕	20	40	60	80
砂糖のおもさ〔g〕	204	238	287	362
二酸化炭素のおもさ〔g〕	0.17	0.10	0.08	0.06

問7　下線部⑦について，点火装置のついたろうそくが入った集気びんの中に，ちっ素と酸素，二酸化炭素をある割合で入れました。**図2**は，ろうそくを点火する前の集気びんの中の気体のようすを，●，□，△で表したものです。集気びんの中でろうそくを点火し，火が消えた後の気体のようすを途中までかいた**図3**に，●，□，△を必要な分だけかき加えて完成させなさい。ただし，ろうそくを点火する前と火が消えた後の集気びんの中の気体の割合を**図4**に示します。

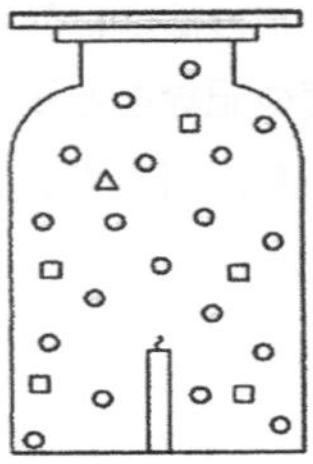
点火する前

図2

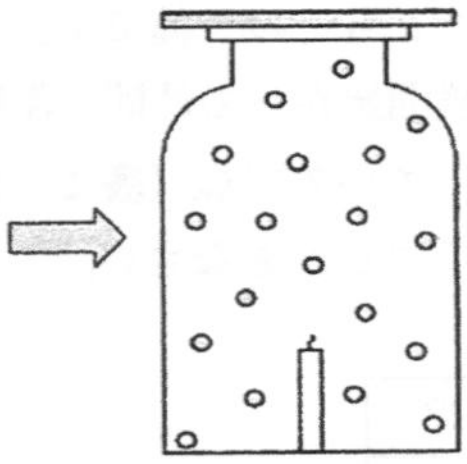
火が消えた後

図3

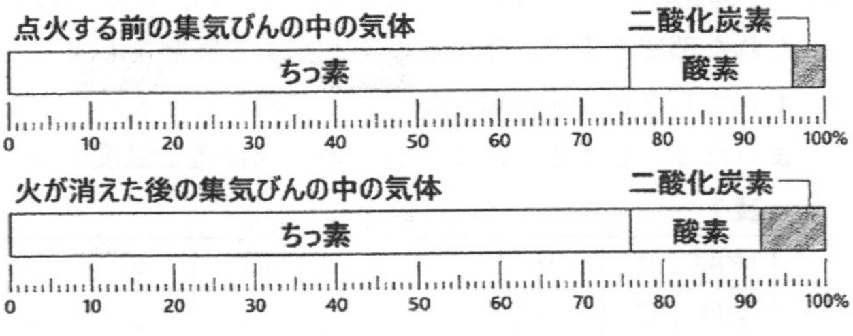

図4

資料Ⅳ　1635年に大名に出された幕府の法令

大名たちは藩と（　**C**　）に交代で住むこと。毎年四月中に参勤すること。
その時のお供の人数が近年とても多くなっている。このことは藩の出費になり、領民の苦労になるので、これからは減らしなさい。

問10　（　**C**　）に入る語句を漢字で答えなさい。
問11　この法令で定めている制度を何といいますか。漢字で答えなさい。
問12　次のメモはこの資料を読んだ歴男さんが書いたものです。歴男さんがメモのように考えた理由を**資料Ⅳ**を参考にして答えなさい。

歴男さんのメモ

今まで僕はこの制度の目的は大名たちの負担を大きくして、その経済力を弱くすることが目的だと思っていたけど、資料を読むとそうじゃないようにも考えられる。

資料Ⅴ　1722年に幕府の出した法令

全国の幕府領や大名・旗本領などが入り組んだ場所でも新田に開発できる土地があれば、代官・領主や農民たちが相談のうえ、開発計画や絵図面をそえて各地の奉行所に願い出なさい。

問13　幕府は農業生産を増やすために資料のように新田開発を奨励しました。この時代には生産を増やすために、新田開発のほかにどのようなことが行われたでしょうか。
問14　この時代には米のほかに綿花やなたね、茶、藍なども栽培されました。このような作物を商品作物といいます。そのような作物を農民が栽培した目的は何でしょうか。
問15　この法令は高札（法などを書いた板の札）にして江戸の町の日本橋に立てられました。農村の新田開発の高札を江戸の町に立てた幕府のねらいとしてどんなことが考えられますか。

資料Ⅵ　1858年にアメリカと幕府が結んだ条約

（　**D**　）人に対して罪を犯したアメリカ人は、取り調べのうえ、（　**E**　）の法律で処罰すること。
（　**F**　）人に対して罪を犯した日本人は、取り調べのうえ、（　**G**　）の法律で処罰すること。

問16　（　**D**　）～（　**G**　）に入る語句の組み合わせとして正しいものを、次の**ア～エ**のうちから1つ選び記号で答えなさい。

ア　**D**　日本　**E**　アメリカ　**F**　日本　**G**　アメリカ
イ　**D**　日本　**E**　アメリカ　**F**　アメリカ　**G**　日本
ウ　**D**　アメリカ　**E**　日本　**F**　日本　**G**　アメリカ
エ　**D**　アメリカ　**E**　日本　**F**　アメリカ　**G**　日本

問17　この条約名を漢字で答えなさい。
問18　この資料のような取り決めを何といいますか。漢字で答えなさい。

4 次の**資料Ⅰ～Ⅵ**を読んで各問いに答えなさい。資料は現代語に訳し部分要約しています。

資料Ⅰ　天皇の出した詔

天下の富をもつ者は①わたしである。天下の力をもつ者もわたしである。この富と力をもってすれば大仏をつくることは難しいことではないが、それでは、大仏に心をこめることは難しい。・・・もし1本の草や一にぎりの土をもって大仏づくりに協力したいと願う者がいたら、そのまま認めよう。・・・国中にわたしの考えを広め、大仏づくりを知らせよう。

問1　下線部①の天皇は誰のことですか。漢字で答えなさい。

問2　大仏づくりにはすぐれた技術が必要でした。そのような技術を日本に伝えた人々も大仏づくりに協力したと考えられます。そのような人々を何といいますか。漢字3字で答えなさい。

問3　**資料Ⅰ**の時代の説明として正しいものを、次の**ア～エ**のうちから1つ選び記号で答えなさい。

ア　進んだ制度や文化、学問を学ぶために遣隋使が派遣された。
イ　かな文字で自分の気持ちを表現し、多くの文学作品がつくられた。
ウ　藤原京のあとに新しい都がつくられ、役所や多くの寺院が建てられた。
エ　武士が登場し朝廷や貴族に仕え、勢力をのばしていった。

資料Ⅱ　北条政子の武士たちへの訴え

みなの者、よく聞きなさい。②右大将軍が朝敵をほろぼしてから幕府を開いて以来そのご恩は山よりも高く海よりも深い。名誉を大切にする武士ならばただちに逆臣を討ち取り幕府を守りなさい。

問4　下線部②は誰のことですか。人名を漢字で答えなさい。

問5　この政子の訴えのあと武士たちは京都に攻め上りました。この出来事を何といいますか。

問6　この時代の武士たちが幕府のために戦うことを何といいますか。漢字で答えなさい。

資料Ⅲ　1548年に書かれたある宣教師の手紙

日本から帰ってきた（　A　）商人のすべてが、もし③私が日本に行けば日本人は理性豊かだから、インドの異教徒の改宗のために働くよりももっと神への大きな奉仕となるだろうと言います。私か、あるいは（　B　）会の誰かが、2年以内に日本に行くだろうと思います。その航海は危険で大暴風にあいますし、海上には積み荷をとろうとする海賊船がいますし、たくさんの船が難破していますが、それでも私たちは行きます。

問7　（　A　）に入る国として正しいものを、次の**ア～オ**のうちから1つ選び記号で答えなさい。

ア　イギリス　　**イ**　オランダ　　**ウ**　ポルトガル　　**エ**　フランス　　**オ**　イタリア

問8　下線部③の私とは誰のことでしょうか。その人名をカタカナで答えなさい。

問9　（　B　）には下線部③の人物が結成した教会が入ります。その語句をカタカナで答えなさい。

資料Ⅳ【2022年末時点で、紛争や迫害、暴力、人権侵害などにより強制移動に直面した人の数】

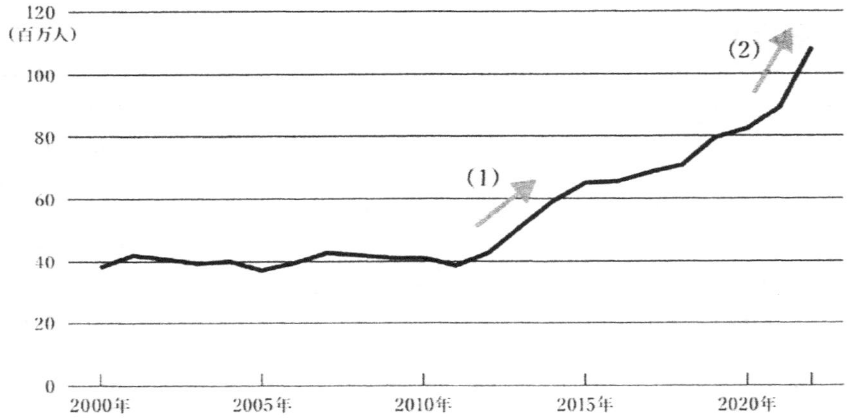

参考資料：国連グローバル・トレンズ・レポート2022（2023.6.14）より作成

問１　**資料Ⅳ**では、（1）2011年から2015年にかけて、（2）2021年から2022年にかけて難民の数が急増しています。その理由として、**資料Ⅱ**のA国、B国、C国のいずれかの情勢が関係しています。（1）と（2）に最も関係が深いものをA国、B国、C国のうちからそれぞれ1つずつ選びなさい。

問２　1991年から2000年の10年間、緒方貞子さんが代表を務めた難民を支援する国連機関はどこですか。次の**ア～エ**のうちから1つ選び記号で答えなさい。

ア　UNHCR　　**イ**　UNESCO　　**ウ**　UNICEF　　**エ**　UNCTAD

問３　地図中の①～⑩のうち、A国、C国、D国、E国の正しい組み合わせを次の**ア～ク**のうちから1つ選び記号を答えなさい。

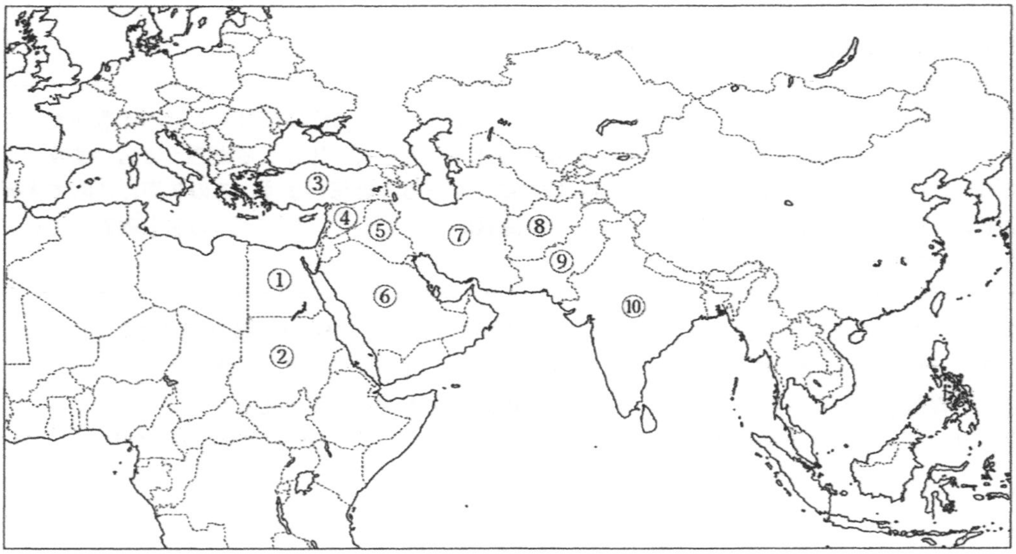

ア　A国：②　C国：④　D国：①　E国：③　　**イ**　A国：②　C国：⑤　D国：①　E国：⑥
ウ　A国：②　C国：⑧　D国：①　E国：⑦　　**エ**　A国：②　C国：⑨　D国：①　E国：⑩
オ　A国：④　C国：②　D国：③　E国：①　　**カ**　A国：④　C国：⑤　D国：③　E国：⑥
キ　A国：④　C国：⑧　D国：③　E国：⑦　　**ク**　A国：④　C国：⑨　D国：③　E国：⑩

3 次の**資料Ⅰ～Ⅳ**は難民に関するものです。**資料**のA国、B国、C国はアフガニスタン、ウクライナ、シリアのいずれか、D国、E国、F国はイラン、トルコ、ドイツのいずれかです。次の各問いに答えなさい。

資料Ⅰ【難民出身国および難民受入国上位5カ国】

【難民出身国上位5カ国】

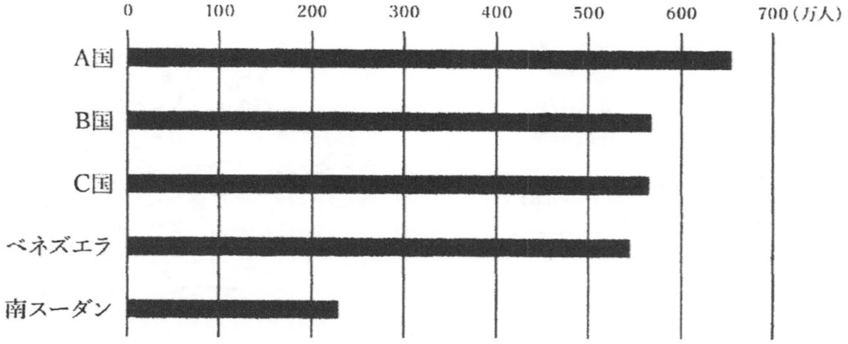

【難民受入国上位5カ国】

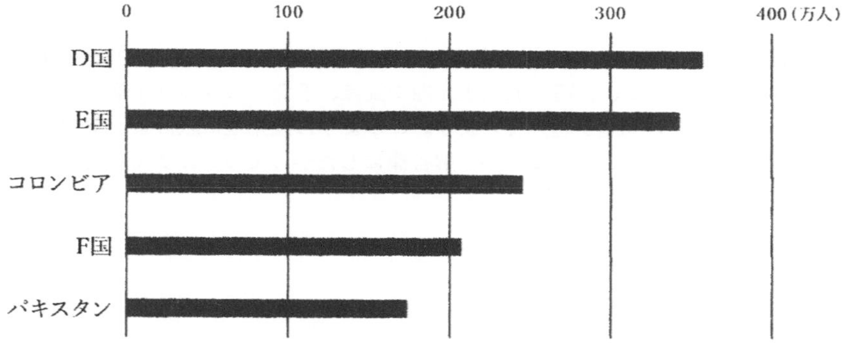

参考資料：国連グローバル・トレンズ・レポート2022（2023.6.14）より作成

資料Ⅱ【難民出身国の情勢】

A国　北アフリカのチュニジアで起きた抗議運動をきっかけに、この国の各都市で市民による反政府運動が激化し治安部隊と衝突、内戦へと発展しました。

B国　以前から隣国ロシアと領土問題で対立していました。アメリカと西ヨーロッパの国々との協力関係を強化していたこの国にロシアが侵攻し、戦争状態になりました。

C国　アメリカ同時多発テロの首謀者をこの国のタリバン政権がかくまっているとして、アメリカが侵攻しました。20年間続いた紛争は、2021年8月にアメリカ軍が撤退し終了しました。

資料Ⅲ【難民受入国の情勢】

D国　かつてオスマン帝国が栄えたこの国は、A国からの難民を受け入れています。政府が運営する難民キャンプの収容人数は限られているため、難民の約95%は市街や村などで生活しています。

E国　この国は、40年以上にわたりC国からの難民を多数受け入れています。近年、日本はこの国の難民を支援するために資金援助を行っています。

F国　第二次世界大戦の敗戦国であるこの国は、戦後、憲法で難民を保護する義務を規定して、積極的に難民を受け入れてきました。

資料Ⅰ

資料Ⅱ

問8　2023年1～9月の訪日客数は1737万人と新型コロナ前（2019年1～9月）の約7割の水準に達し、順調に回復しています。しかし、同時に人気観光地で混雑、渋滞、ごみのポイ捨て、地域住民が公共交通機関に乗れないなどの問題が起きています。このように観光地に旅行者が集中することで起きるさまざまな問題のことを何といいますか。解答欄にしたがってカタカナで答えなさい。

二

問五

問三

問四

三

問一
①
②
③

問二
①
②
③
④
⑤
⑥

問三
①
②
③

問四
①
②

問五
①
②
③
④
⑤

問六
① いかなる／理由が／あっても／やりとげなければ／ならない。
② 弟は／昔から／夏目漱石の／小説を／熱心に／読んでいる。
③ 私の／誕生日に／大好きな／チーズケーキを／母に／作ってもらった／思い出が／ある。

問七

問八

2024年度　志學館中等部
入学試験問題

解　答　用　紙　　算　数

1

(1)	(ア)		(イ)		(ウ)	
	(エ)		(オ)			

(2)	%	(3)	人以上　人以下		
(4)	点	(5)	通り	(6)	
(7)	度	(8)	cm^2		

2

(1)	ポイント	(2)	円	(3)	円以上

3

(1)		(2)	通り	(3)	通り

【解答

2024年度　志學館中等部　入学試験　解答用紙　【理科】

1

問1			問2		
問3			問4		
問5		問6		問7	
問8	(1)				
問8	(2)	さん			
問9	(1)		(2)		

2

問1		問2	A	
問2	B		問3	

問4

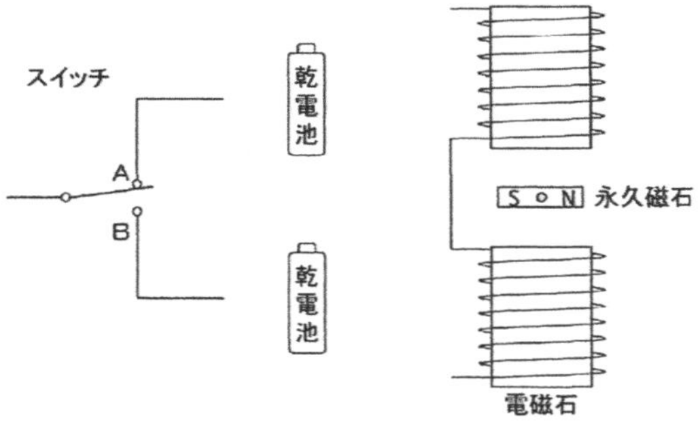

問5	

2024年度　志學館中等部　入学試験　解答用紙　**【社 会】**

1

問1		問2		問3	

問4	30
問5	

問6	C	工業地帯	D	工業地帯
	F	工業地帯		

問7	30

問8	①		②		③		④		⑤	

2

問1	権	問2	A		D		問3		問4

問5	①	庁	②	省	③	省

問6		問7	
問8	ツーリズム		

2024(R6) 志學館中等部
教英出版

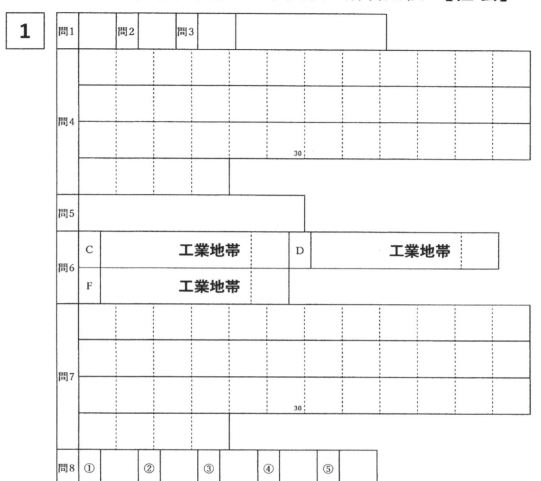

問1	(1)		(2)		問2		問3	

問1	天皇	問2		問3	
問4		問5		問6	

問7		問8		問9	

問10		問11	

問12	
問13	
問14	
問15	

問16		問17		問18	

受験番号		名前	

得点	※80点満点（配点非公表）

2	問 6	
	問 7	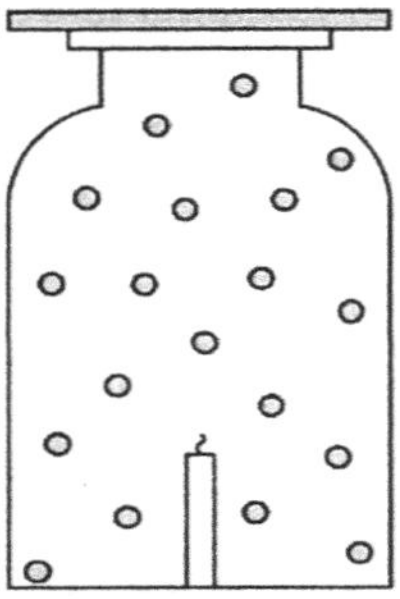 火が消えた後

3	問 1	(1)				
	問 1	(2)		問 2		g
	問 3	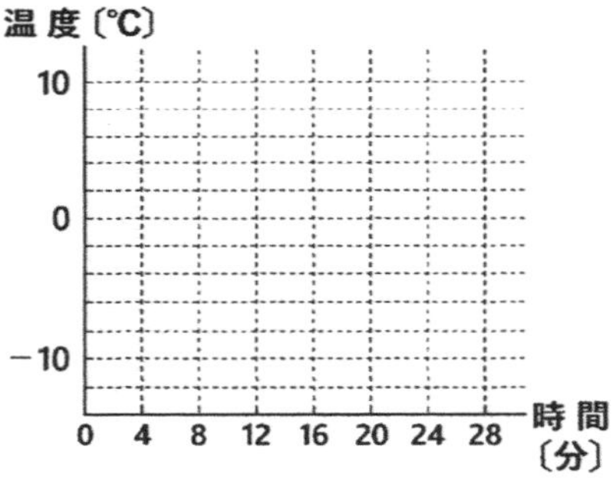		問 4		
				問 5	(ア)	
				問 5	(イ)	
	問 6					

受験番号		名前		得点	※80点満点（配点非公表）

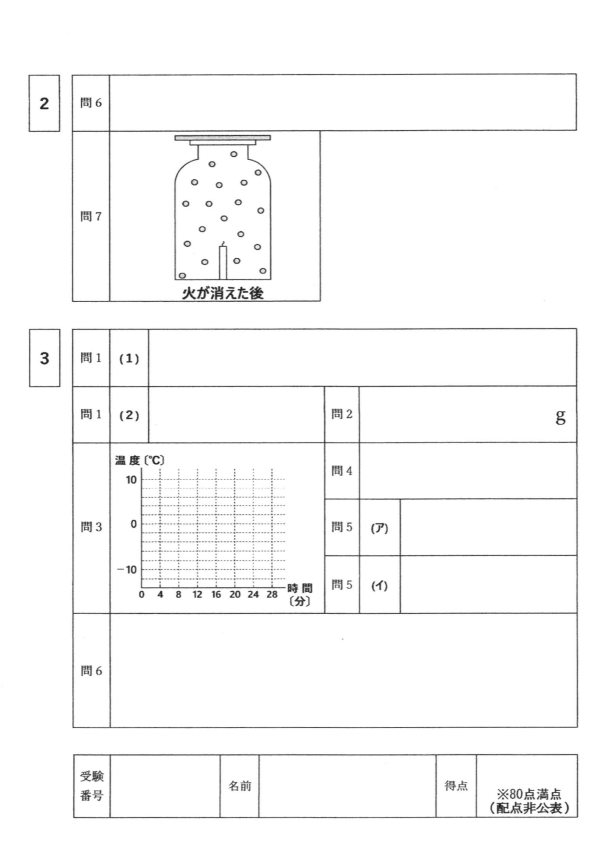

4

(1)	秒後	(2)	秒後	(3)	cm^2
(4)	秒後				

5

(1)	cm^2	(2)	cm^2	(3)	cm^2
(4)	cm^2				

受験番号		名前	

得点	※120点満点 （配点非公表）

二〇二四年度　志學館中等部

入学試験問題　国語　解答用紙

受験番号

名前

※120点満点
（配点非公表）

一

問一　X　Y

問二

問三

問四　世間　社会

問五　Ⅰ　Ⅱ

問六　Ⅲ　Ⅳ

問七

問一　A　B

2 国会で決められた予算や法律にもとづいて、私たちの暮らしのためにさまざまな仕事を行う内閣について、次の各問いに答えなさい。

問１　国会・内閣・裁判所は、国の重要な役割を分担しており、そのしくみを三権分立といいます。内閣が担っている権限を何といいますか。解答欄にしたがって漢字2字で答えなさい。

問２　右の三権分立の関係を示した図中の**A**と**D**に当てはまるものを、次の**ア**～**オ**のうちから1つずつ選び記号で答えなさい。

ア　法律が憲法に違反していないかを調べる。
イ　政治が憲法に違反していないかを調べる。
ウ　内閣を信任しないことを決める。
エ　最高裁判所の裁判官を指名する。
オ　裁判官をやめさせるかどうかについての裁判をする。

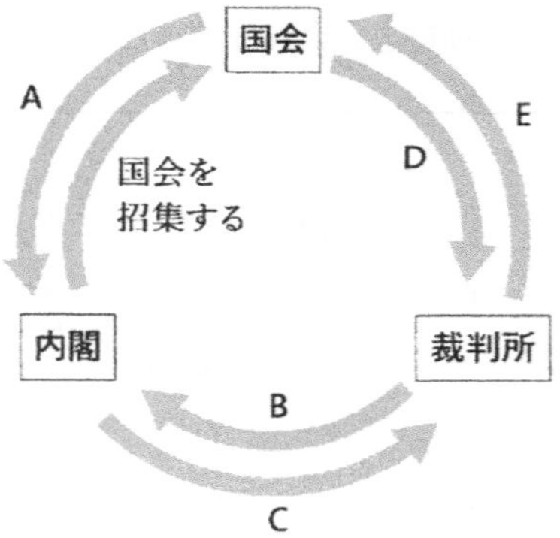

問３　内閣についての説明文として正しいものを、次の**ア**～**エ**のうちから1つ選び記号で答えなさい。

ア　内閣総理大臣は、必ず衆議院で多数をしめる政党の代表が選ばれる。
イ　予算を決める。
ウ　憲法を改正することを国民に提案する。
エ　衆議院の解散を決める。

問４　内閣総理大臣とその他の国務大臣が参加して、内閣の意思決定を行う会議を何といいますか。漢字2字で答えなさい。

問５　次の①～③は、内閣を構成する各省庁についての説明文です。それぞれの省庁名を解答欄にしたがって漢字で答えなさい。

①　日本の空や、地震・火山、海の水などの様子を観測し、天気予報や地震や噴火の予知などさまざまな情報を出す仕事をしている。
②　国民が安全で安心して暮らせるように基本的なルールを作るとともに、犯罪者に対して社会復帰のために教育を行ったり、いじめなどの人権侵害を調査したり、日本人や外国人の出入国の審査などを行う。
③　教育、科学技術・学術、スポーツ、文化に関する仕事を行っている。教育についての総合的な計画を作ったり、生活をより便利で豊かにするために、科学技術で何ができるかなどについて考える仕事をしている。

問６　**資料Ⅰ**は、消費者庁がある社会的問題について、国民への理解を広めるために作成したものです。資料中の黒塗り部分には共通の語句が当てはまります。その語句を答えなさい。

問７　**資料Ⅱ**は総務省消防庁が発行している「わたしの防災サバイバル手帳」です。4つの災害を取り上げ、どのように身を守るかについて考えていくための説明がされています。この4つの災害とは、「地震」、「風水害」、「その他の自然災害（火砕流(かさいりゅう)や雪崩(なだれ)など）」と、あと一つは何ですか。

問７　**地図2**中の破線は日本の工業のさかんな地域が連なっていることを示しています。この破線を見てみると、海岸沿いに工業のさかんな地域が広がる傾向が見られます。この理由を日本の天然資源の産出に触れながら、30字以上40字以内で説明しなさい。

問８　下の写真①～⑤は、平成以降に日本で起こった自然災害の様子です。これらの自然災害が起こった地域として最も適当なものを**地図3**中の**A～E**のうちからそれぞれ選び記号で答えなさい。

（自然災害の写真）

お詫び：著作権上の都合により，掲載しておりません。ご不便をおかけし，誠に申し訳ございません。

教英出版

①

（自然災害の写真）

お詫び：著作権上の都合により，掲載しておりません。ご不便をおかけし，誠に申し訳ございません。

教英出版

②

（自然災害の写真）

お詫び：著作権上の都合により，掲載しておりません。ご不便をおかけし，誠に申し訳ございません。

教英出版

③

（自然災害の写真）

お詫び：著作権上の都合により，掲載しておりません。ご不便をおかけし，誠に申し訳ございません。

教英出版

④

（自然災害の写真）

お詫び：著作権上の都合により，掲載しておりません。ご不便をおかけし，誠に申し訳ございません。

教英出版

⑤

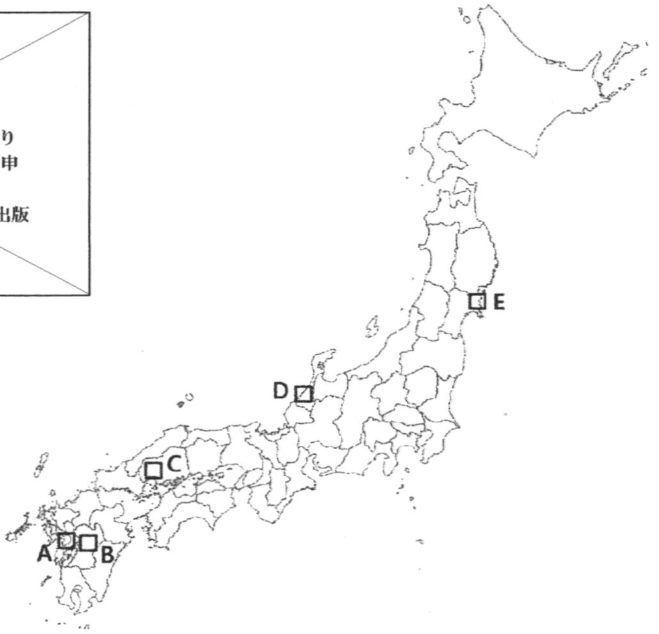

地図3

問３　**地図1**中の**A～D**のうち、日本政府は領土問題はないという立場ですが、中国が自国の領土だと主張しているところはどこですか。その場所を1つ選び記号で答え、またその名称も答えなさい。

問４　**地図1**中**X**は、日本の排他的経済水域です。これはどのような水域ですか。**【海里】**、**【水産資源】**という語句を必ず用いて、30字以上40字以内で説明しなさい。

問５　「食料の重さ×輸送きょり」で求める、食料を産地から消費地に運ぶときに使うエネルギーの量を表す数値をカタカナで何といいますか。

問６　**地図2**は日本の工業地帯・工業地域を示したものです。また、**図1**は**地図2**中の**A～G**の工業地帯・工業地域の品目別工業生産額割合のグラフです。**C・D・F**に当てはまる工業地帯の名称と、それにあてはまるグラフとして最も適当なものを**①～⑦**のうちからそれぞれ選び数字で答えなさい。

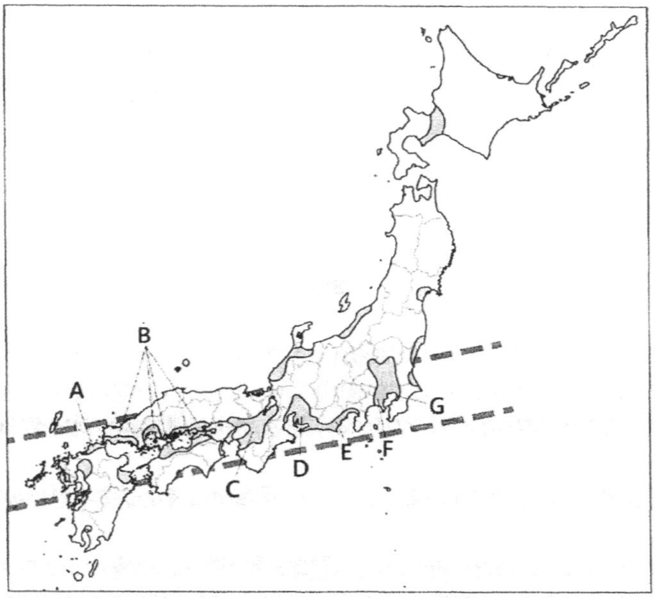

地図2

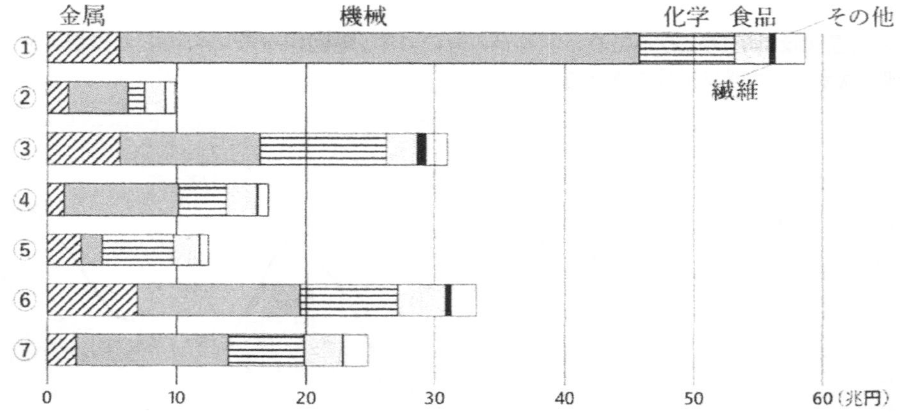

データブックオブザワールド 2023 より作成

図1

1 日本の地理に関する次の各問いに答えなさい。

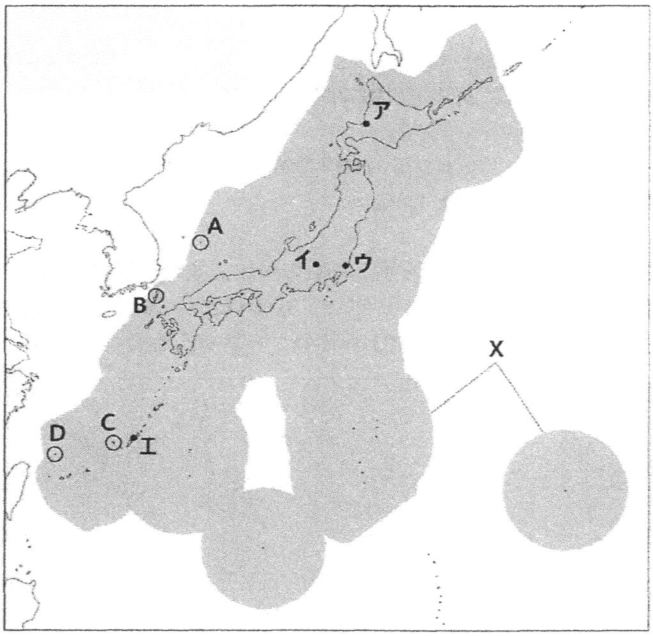

地図1

問１　次の①～④の文章は、調べ学習の中で**地図1**中の**ア～エ**のいずれかの地域を調べた児童の説明です。④の文章の場所として最も適当なものを**地図1**中の**ア～エ**から1つ選び記号で答えなさい。

① **冬はとても寒い。寒さを活かしたスポーツがたくさんある。様々な農産物の畑や牧場の広がる風景を見ることもできる。**

② **標高が高く、夏でも涼しい。特に朝と夜が冷えるので長袖の上着が必要。でもそのおかげで夏においしい野菜が作れる。**

③ **暖かくて海がきれい。おいしい食べ物がおおい。夏は台風が通ることも多いので備えが大事だ。**

④ **川に囲まれた平たい土地に水田が広がっている。川沿いに堤防があるが、昔は川の水があふれることも多く、大変だった。**

問２　下の雨温図は**地図1**中の**ア～エ**のいずれかのものです。**地図1**中の**ア**のものとして最も適当なものを次の**あ～え**から1つ選び記号で答えなさい。

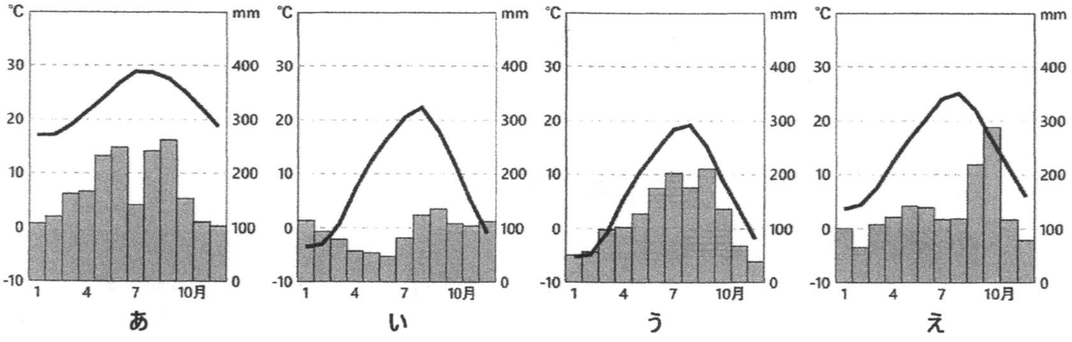

2024年度志學館中等部入学試験問題

社会

（40分）

【 受験上の注意 】

1．試験開始の合図があるまで,この問題冊子の中を見てはいけません。

2．解答は、この冊子の間にはさんである解答用紙の解答らんのわく内に収まるように全て記入しなさい。

3．この問題冊子と解答用紙には、受験番号・名前を必ず記入しなさい。

4．字数制限のあるものは、原則として句読点「　」も一字に数えます。（指示のあるものは除く。）

5．メモや計算は、問題冊子の余白を利用しなさい。

受験番号		名　前	

志學館 中等部 高等部

2 館太郎とお父さんはお菓子作りをしています。会話文を読んで，次の各問いに答えなさい。

お父さん：先週は小麦粉から手作りのパンをつくったよね。粉だらけになって大変だったね。
　　　　　小麦粉って何から作られるんだった？
館太郎　：コムギという植物の①（種子・葉・茎・根）をつぶして粉にしているんだったね。
　　　　　②日光があたって葉で作られた（　A　）という物質がためられているので，小麦粉に
　　　　　（　B　）をかけると青紫色になるんだよね。
お父さん：そういえば手に麦の穂《ほ》を持ったイラストが描かれた星座があったよね。
館太郎　：神話に登場する農業の女神がモデルになった③おとめ座だね。
お父さん：よし，今日は星座の形のクッキーをつくろう！
館太郎　：クッキーをつくる材料の卵，砂糖，バター，小麦粉を用意したよ。
お父さん：バターに砂糖と卵を入れてかきまぜてね。電動の④ハンドミキサーを使えば楽だよ。
館太郎　：クッキーを焼いている間に，次はプリンも作ろう。
お父さん：材料は牛乳と卵と砂糖だね。
館太郎　：また卵を使うんだね。この卵を温めてヒヨコがうまれたら，育ててニワトリにして，毎日
　　　　　新鮮な卵を食べることができるよね。
お父さん：面白いアイデアだけどこの卵は⑤受精していないから，温めてもヒヨコは生まれないよ。
館太郎　：えー残念。気を取り直してプリンの上にかけるあまいカラメルを作ろう。どうやるの？
お父さん：水に砂糖をとかしてゆっくりあたためるんだ。
館太郎　：⑥水はいろいろなものをとかすことができるんだね。炭酸入りジュースもそうだね。
　　　　　いろいろと実験してみよう。
　　　　　（しばらくして）
お父さん：あれ，なんだかこげくさいぞ。しまった，クッキーを焼いているの忘れてた。
館太郎　：あーあ，クッキーがまっ黒だ。⑦ものが燃えたあとみたいになっちゃったね。
お父さん：失敗は成功のもと。科学では大事なことだよ。

問１　下線部①について，あてはまる正しい言葉を（　　）の中から選び答えなさい。

問２　下線部②について，会話文中の（　A　），（　B　）にあてはまる言葉を答えなさい。

問３　下線部③について，館太郎君が春（４月１日午前０時）に南の空に見られたおとめ座を観察した３か月後の同じ時刻に，同じような位置に見られるのは次のうちどれですか。次の**ア**～**オ**から選び記号で答えなさい。

ア　こと座　　　**イ**　オリオン座　　　**ウ**　北斗七星
エ　カシオペア座　　　**オ**　冬の大三角形

問５　赤いインクをとかした水に，切り取ったホウセンカをさして，１日後に茎の断面を観察しました。赤くなっている部分を示している模式図を**図５**の**ア**～**オ**から選び記号で答えなさい。

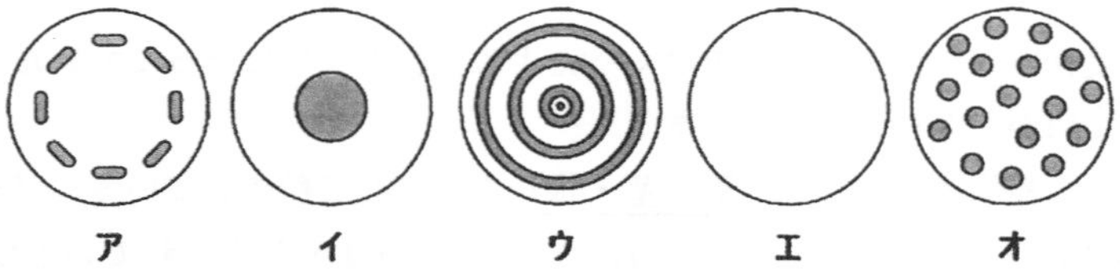

図５

問６　**図６**のように，方位磁針のＮ極が北を指している状態で，そのまわりに導線をまき，電流を流しました。方位磁針のＮ極は，東・西・南・北のどの向きにふれますか。ただし，電流の大きさは充分大きいものとし，ふれない場合は，北と答えなさい。

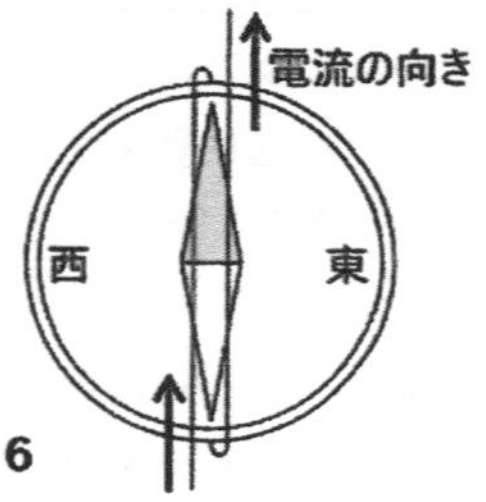

図６

問７　同じ豆電球と電池を用意し，**図７**のような回路をつくりました。豆電球**ア**～**エ**のうち，もっとも明るく光る豆電球を選び記号で答えなさい。

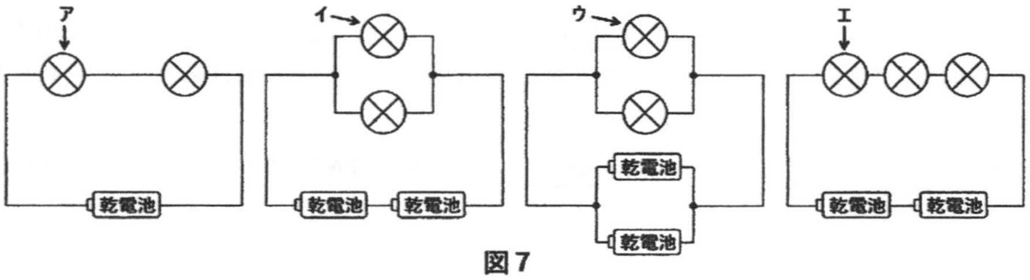

図７

問８　**A**さん，**B**さん，**C**さんが，テントウムシ，モンシロチョウ，シオカラトンボ，ダンゴムシ，アブラゼミ，ザリガニの６種類の生き物をつかまえました。また，**A**さんはモンシロチョウについて，**B**さんはシオカラトンボについて，**C**さんはアブラゼミについて説明をしています。

Aさん：４枚の羽根があり，卵は地面の中に産み付けられるよ。口はストローのようにくるくると丸まっているよ。

Bさん：足が６本あり，幼虫は水の中で生活しているよ。食べ物は他の動物たちだよ。

Cさん：体があたま，胸，腹の３つに分かれていているよ。幼虫は長い間土の中で過ごすけど６年ほどでさなぎになり，成虫になると空を飛び回るよ。

（１）　つかまえた６種類の生き物のうち，昆虫ではないものをすべて選び，その名称を答えなさい。

（２）　**A**～**C**さんのうち，説明文がすべて正しいのはだれですか。ひとり選び，答えなさい。

問９　**図８**は物体**ア**～**オ**のおもさと体積の関係を示したものです。ただし，**オ**は水を表しており，同じ体積で比べた時，水よりも軽いものは水に浮くものとします。

（１）　物体**ア**～**エ**の中で水に浮くものをすべて選び記号で答えなさい。

（２）　物体**ア**～**エ**の中で，同じ材質のものを選び記号で答えなさい。
ただし，ない場合は「なし」と答えなさい。

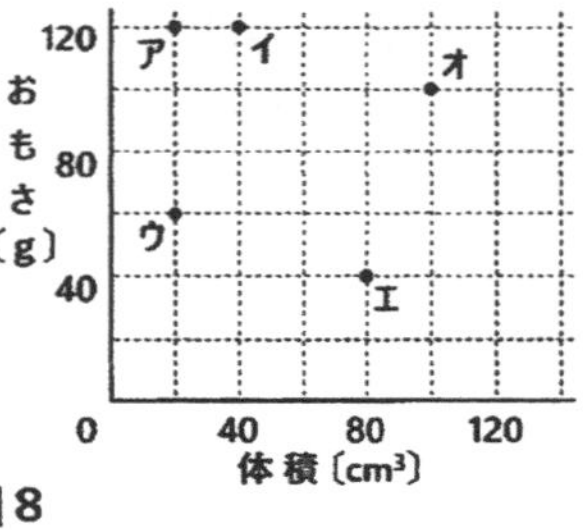

図８

1 次の各問いに答えなさい。

問1　実験で使う試薬の色の変化について，正しい文章を次の**ア**～**エ**から１つ選び記号で答えなさい。

ア　とうめいの石灰水に，酸素を吹き込むと白色に変化した

イ　炭酸水に青色リトマス紙をつけると色の変化は何も起こらなかった

ウ　せっけん水に赤色リトマス紙をつけると青色に変わった

エ　食塩水にBTB溶液を入れると黄色に変わった

問2　ある年の９月15日12時13分に鹿児島市で，太陽が南中しました。そのときのようすを**図１**のように，地面に適度な長さの棒を立て，その棒の影で観察しました。さらに，この日から３か月後の12月15日11時13分に同じ観察を行いました。そのときの影のようすとして，正しいものを**図２**の**ア**～**カ**から選び記号で答えなさい。

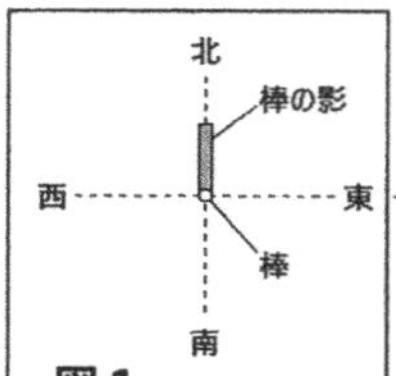

図１

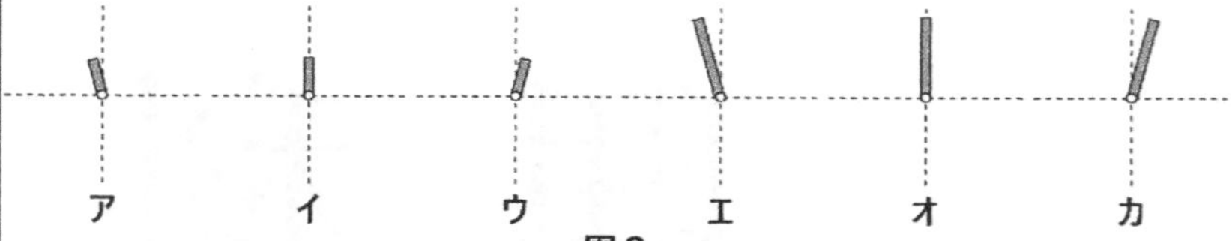

図２

問3　**図３**のようにばねばかりと棒とおもりで，おもさをはかる実験を行いました。この棒のある位置におもりを下げ，おもさをはかると左のばねばかりは240 g，右のばねばかりは160 gを示しました。このときの棒の左はしからおもりをつけた位置までの長さ**A**〔cm〕とおもりのおもさ**B**〔g〕の正しい組み合わせを**表１**中の**ア**～**カ**から選び記号で答えなさい。ただし，棒の長さは10 cmで棒のおもさは考えなくてよいものとします。

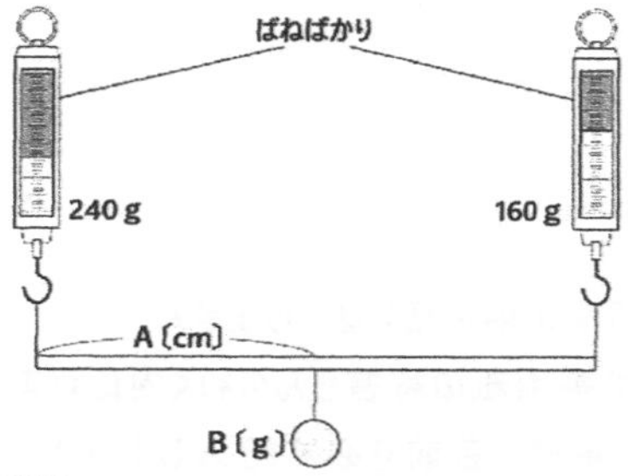

図３

表１

	A	B
ア	4 cm	200 g
イ	6 cm	200 g
ウ	4 cm	400 g
エ	6 cm	400 g
オ	4 cm	64 g
カ	6 cm	144 g

問4　太陽高度が45°のとき，床に置いた黒いボードを温める実験を行いました。最初のボードの温度を同じ温度にし，実験は同時に10分間行いました。もっともあたたまる黒いボードはどれですか。**図４**の**ア**～**エ**から選び記号で答えなさい。

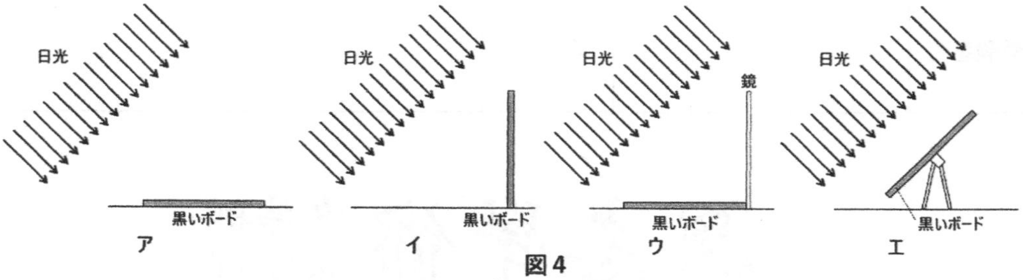

図４

2024年度志學館中等部入学試験問題

理 科

（40分）

【 受験上の注意 】

１．試験開始の合図があるまで,この問題冊子の中を見てはいけません。

２．解答は、この冊子の間にはさんである解答用紙の解答らんのわく内に収まるように全て記入しなさい。

３．この問題冊子と解答用紙には、受験番号・名前を必ず記入しなさい。

４．メモや計算は、問題冊子の余白を利用しなさい。

受験番号		名　前	

志學館 中等部 髙等部

2　ある店では，通常100円支払うごとに1ポイントがもらえるサービスがあります。また，毎月5日は通常の5倍のポイントがもらえ，毎月10日は通常の10倍のポイントがもらえます。

このポイントは，1ポイントを1円として，次の買い物をする時に利用できます。ポイントを利用する場合は，買う物の合計金額から利用したポイントの金額を引き，支払った金額に対してポイントがもらえます。このとき，次の問いに答えなさい。

(1)　先月，Aさんは5日に8000円の品物を，10日に20000円の品物を，15日に60000円の品物を買いました。先月，それ以外に買い物はせず，ポイントは利用していません。先月もらったポイントは何ポイントですか。

(2)　Aさんは，今月5日に，先月もらったポイントをすべて利用して，ある品物を買いました。買い物をしたあとのポイントは，買い物をする前のポイントと同じでした。この品物の金額は何円ですか。

(3)　Bさんが先月までにもっているポイントは2500ポイントでした。今月は，5日と7日に買い物をしました。5日はポイントを利用せずに買い物をし，7日は4980円の品物をポイントのみで買いました。5日は何円以上の買い物をしましたか。

(5)　ふくろの中に10円玉，5円玉，1円玉が1枚ずつ入っています。このふくろから2枚取り出すとき，2枚の合計金額は何通り考えられますか。

(6)　4で割ると1あまり，3で割ると2あまる2けたの整数のうち，最も大きい数は何ですか。

(7)　右の図で，四角形ABCDは正方形で，三角形ABEと三角形DFCは正三角形です。㋐の角の大きさは何度ですか。

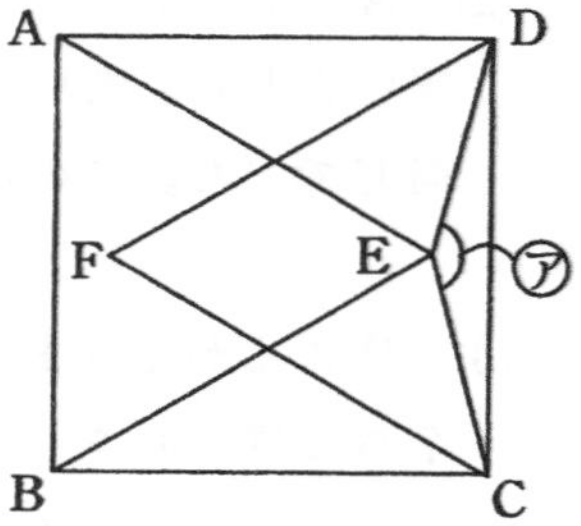

(8)　右の図の三角形ABCはAB=6cm，AC=8cm，BC=10cmの直角三角形です。

この三角形の周上を半径1cmの円がはなれることなく1周して，もとの位置にもどります。

このとき，円が通った部分の面積は何cm^2ですか。ただし，円周率は3.14とします。

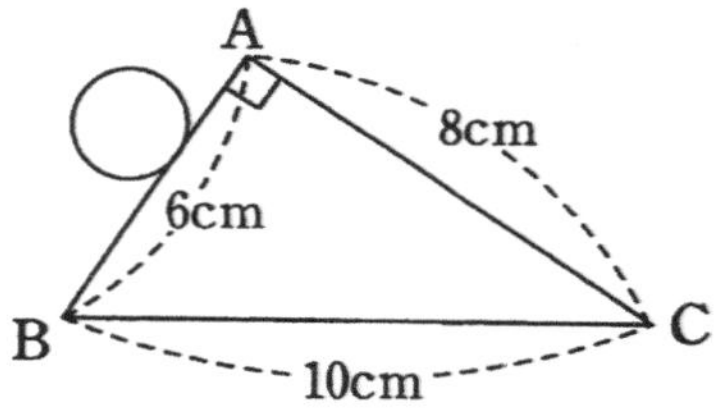

1 次の問いに答えなさい。

(1) 次の計算をしなさい。

(ア) $12+18\div 6$

(イ) $7\frac{2}{3}-\frac{9}{2}$

(ウ) $40\times 0.31+21\times 2.9$

(エ) $12-\frac{5}{18}\div\frac{25}{9}\times 2$

(オ) $\frac{1}{14}\times\left(1.5-\frac{1}{3}\right)+5\div 6$

(2) 13％の食塩水180gに，食塩を20g加えてできる食塩水の濃度は何％ですか。

(3) 45人の児童にイヌとネコをかっているか調べました。
イヌをかっている児童は22人で，イヌもネコもかっていない児童は5人でした。
ネコをかっている児童は何人以上何人以下と考えられますか。

(4) 40人の児童に算数のテストを行ったところ，平均点は56.75点で，
男子18人の平均点は54点でした。女子の平均点は何点ですか。

2024年度志學館中等部入学試験問題

算 数

（60分）

【 受験上の注意 】

１． 試験開始の合図があるまで,この問題冊子の中を見てはいけません。

２． 解答は、この冊子の間にはさんである解答用紙の解答らんのわく内に収まるように全て記入しなさい。

３． この問題冊子と解答用紙には、受験番号・名前を必ず記入しなさい。

４． メモや計算は、問題冊子の余白を利用しなさい。

受験番号		名　前	

志學館 中等部 高等部

お詫び

著作権上の都合により、文章は掲載しておりません。
ご不便をおかけし、誠に申し訳ございません。

教英出版

お詫び

著作権上の都合により、文章は掲載しておりません。
ご不便をおかけし、誠に申し訳ございません。

教英出版

（もりなつこ「びわ色のドッジボール」より）

（注）＊1義男さん……フルばあの兄で、フルじいとは幼なじみ。
　　＊2〜6知覧《ちらん》・鹿屋《かのや》・出水《いずみ》・姶良《あいら》・垂水《たるみず》 ……それぞれ鹿児島県内の地名。

問一　空欄A・Bに入る言葉として適切なものをそれぞれ選び、記号で答えなさい。

ア　きっと　　イ　あまり　　ウ　まさか　　エ　もっと

問二　傍線部①の「夕日を見ると、不安になる」について、誰の、どのような気持ちを言っているのか。本文中の言葉をつかって、四十字以内で答えなさい。

問三　傍線部②の「ささいなこと」とほぼ同じ意味の言葉を本文中から五字程度で抜き出して答えなさい。

問四　傍線部③の「あの木への思いは本当に特別なものなんだろうな。」について、なぜ「特別なもの」なのか、次のア〜エの中から最も適切なものを一つ選び、記号で答えなさい。

ア　フルじいにとって、特攻隊員として出撃した義男さんから妹とともに託された、大切なビワの木だから。
イ　フルじいにとって、特攻隊員として出撃した義男さんと一緒に食べた、大切な思い出のビワの木だから。
ウ　フルばあにとって、特攻隊員として命を落とした義男さんとの思い出がある、大切なビワの木だから。
エ　フルばあにとって、特攻隊員として命を落とした義男さんから託された、庭の大切なビワの木だから。

問五　傍線部④「フルばあの言葉にぼくとまいちゃんは顔を合わせた」とあるが、「ぼくとまいちゃん」は、フルばあの言葉からどのようなことに気づいたのか。本文中の言葉を使って七十字以内で答えなさい。

【三】 次の各問いに答えなさい。

問一　次の傍線部の読みをひらがなで書きなさい。

① 風情ある景観が飛び込んできた。

② このお寺は平安時代に建立された。

③ 常夏の島へ旅行する。

問二　次の傍線部を漢字で書きなさい。

① クラス合唱のシキ者に選ばれる。

② 本番前にフクソウを整える。

③ 見事なプレーにサンジを送る。

④ 彼のズノウは優れている。

⑤ チョメイな画家の展覧会がある。

⑥ ダンケツしてゴールを目指す。

問三　次の傍線部を漢字に直したものとして適切なものをそれぞれ下のア〜エから選んで答えなさい。

① 研究タイショウを決める。　ア 対照　イ 対象　ウ 対称　エ 対償

② カンシンな生徒だ。　ア 歓心　イ 関心　ウ 感心　エ 寒心

③ カイシンのできばえだ。　ア 会心　イ 改心　ウ 改新　エ 回診

問四　次の熟語と同じ構成のものをそれぞれ下のア〜エから選んで答えなさい。

① 県立　ア 伝達　イ 未熟　ウ 乗車　エ 日照

② 登山　ア 温暖　イ 読書　ウ 笑顔　エ 左右

問五　次の空欄に入る言葉として最も適切なものを後のア〜エからそれぞれ選んで答えなさい。

①　彼は今では包丁すら握らなくなってしまったが、かつては（　）料理人だった。

ア　鼻が利く　　イ　影が薄い　　ウ　息が合う　　エ　腕が立つ

②　彼女は孫の立派に成長した姿に、思わず（　）。

ア　目を配った　　イ　目を細めた　　ウ　目を光らせた　　エ　目を付けた

③　立派な計画だが実現しそうにない。まるで（　）だ。

ア　絵に描いた餅　　イ　雨後の竹の子　　ウ　棚からぼた餅　　エ　手前味噌

④　自分で育てた作物だけで生活する（　）の暮らしにあこがれる。

ア　自画自賛　　イ　自業自得　　ウ　自給自足　　エ　自由自在

⑤　毎日コツコツ練習することが大切。（　）では身につかないよ。

ア　一言一句　　イ　一挙一動　　ウ　一朝一夕　　エ　一日一善

問六　例にならって、傍線部が係る文節に二重線を引きなさい。

（例）　美しい／花が／咲いた。

①　いかなる／理由が／あっても／やりとげなければ／ならない。

②　弟は／昔から／夏目漱石の／小説を／熱心に／読んでいる。

③　私の／誕生日に／大好きな／チーズケーキを／母に／作ってもらった／思い出が／ある。

問七　次の条件に従って文章を作りなさい。

①　中学生になって挑戦したいことについて書く。

②　二文で構成する。

③　二文目の冒頭に「だから」を用いる。

問八　次の文章を読んで、後の問いに答えなさい。

［文章］Ａさんは夏休みの宿題を早く終わらせようと思って最初は真面目に取り組んだが、段々と気が抜けてしまった。あせって夏休み終了直前に一生懸命勉強したが、少しだけ終わっていない宿題もあった。

［問い］横軸に「期間」、たて軸に「取り組んだ宿題の量」を表した図として最も適切なものを次のア～エの中から選んで答えなさい。

ア

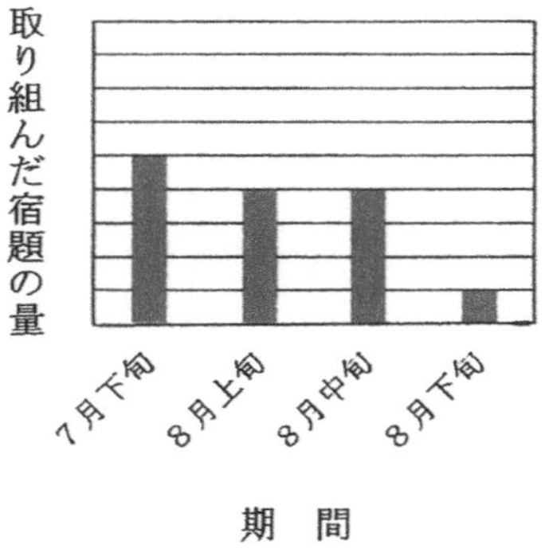

イ

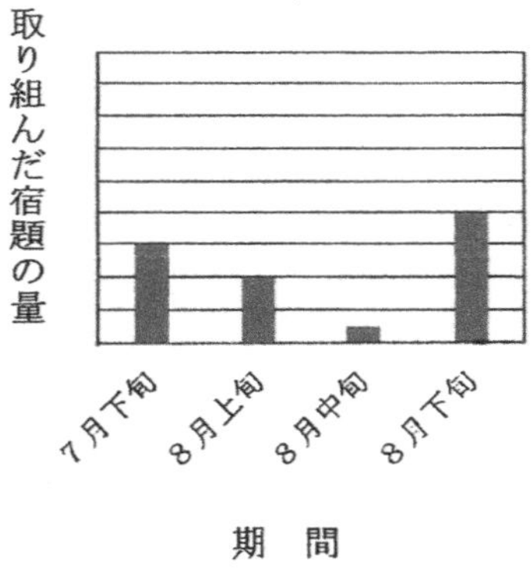

ウ

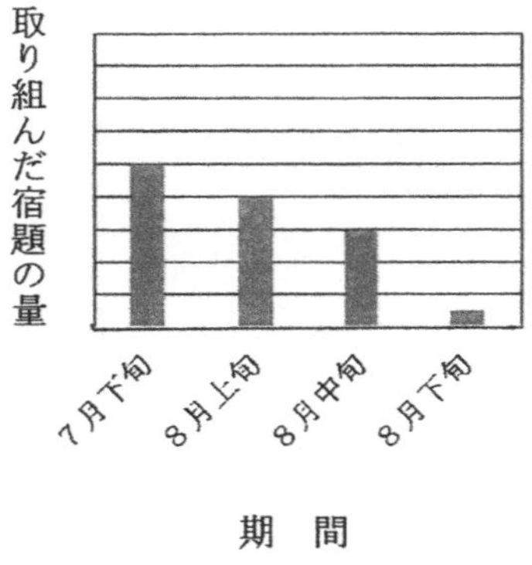

エ

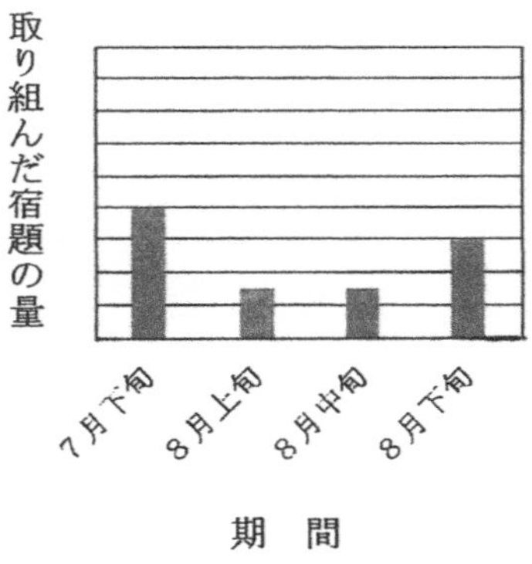

2023年度志學館中等部入学試験問題

国　語

（60分）

【 受験上の注意 】

1．試験開始の合図があるまで,この問題冊子の中を見てはいけません。
2．解答は、この冊子の間にはさんである解答用紙の解答らんのわく内に収まるように全て記入しなさい。
3．この問題冊子と解答用紙には、受験番号・名前を必ず記入しなさい。
4．字数制限のあるものは、原則として句読点「　」も一字に数えます。（指示のあるものは除く。）
5．メモは、問題冊子の余白を利用しなさい。

受験番号		名　前	

志學館 中等部 高等部
SHIGAKUKAN junior high school senior high school

2023(R5) 志學館中等部
教英出版

【一】 次の文章を読んで、後の問いに答えなさい。

直接的に目に入ってくる「活字」に気をとられてよくわからないことが多いのですが、本を読むことの本質とは、じつは筆者との「対話」にあるのです。

教育学者の齋藤孝《さいとうたかし》さんがいろいろなところで述べていますが、読書で何がすばらしいかというと、（　Ⅰ　）極端《きょくたん》な話、源氏物語や、万葉集でもⓐヘイケ物語でも何でもいいのですが、①千年以上前の人間、しかも歴史を代表する知性や感性を持った大人物とだって対話ができるということなのです。あるいは*1ドストエフスキーや*2トルストイを読むということは、時代が百年以上違う、（　Ⅱ　）外国の、直接には決してコミュニケーションをとることがまったく不可能な天才たちと対話をしているということです。

目で活字を追いながらも、筆者の声が聞こえてくる感じがつかめることが、本を読めばいつでもというわけにはいきませんが、確かにあります。

そのことを本当に実感したことがあります。

私は*3ゲオルク・ジンメルという約百年前ドイツで活躍《かつやく》した社会学者のⓑケンキュウをⓒセンモンにしていて、数年前に『ジンメル・つながりの哲学《てつがく》』（ＮＨＫブックス）という本を書きました。その作業中、まさに百年前にドイツで生きたジンメルという人間と、「どうなの？　これどうなの？」という会話をしている実感があったのです。たしかにそこまでのめり込むにはそうとうな集中力を要します。（　Ⅲ　）、真剣《しんけん》にある程度耳を傾《かたむ》けようとすれば、〈いま・ここ〉にはいない筆者と、いつのまにか直接対話しているような感覚を味わえることもあるのです。

みなさんでしたら、大好きな小説家、ⓓシジン、歴史上の人物でもいいでしょう。本の世界に没頭《ぼっとう》していくと、文字を通して、書き手や登場人物のⓔ肉声がなんとなく聞こえてくるような感覚、コミュニケーションがだんだん双方向《そうほうこう》になっていく感覚が生じてくることがあるのです。

もちろん本を読めばいつでも、というわけにはいきません。でも、私が『つながりの哲学』を書いていたときは、「ジンメルだったら今の日本をどういうふうに見るんだろうな」というようなことを、ずっと考えながら執筆《しっぴつ》していたので、なんとなく彼がいつのまにか今の時代にタイムスリップしてきて、今の日本を見ながら私に語りかけてくれているような気分になっていました。

②コミュニケーションの本質って、じつはこういうところにあるんじゃないかと思います。

③具体的な人との関係でも、漫然《まんぜん》と言葉を交わしているだけではだめなのです。ちょっと心地よくなると、すぐその場を放棄《ほうき》できてしまう言葉がいくつも準備されていて、自分の感覚的なノリとかリズムとか、そういうものの心地よさだけで親しさを確認していると、やはり関係は本当の意味で深まっていきません。料理でいうと「苦み」のない、ただ甘いだけの料理を求めてしまう感じですね。

ノリとリズムだけの親しさには、深みも味わいもありません。それどころか、友だちは多いのに寂《さび》しいとか、いつ裏切られるかわからないとか、ノリがちょっと合わなくなってきたらもうダメだとか、そういう希薄《きはく》な不安定な関係しか構築できなくなるのではないかと思います。

④読書のよさは、一つには今ここにいない人と対話して、情緒《じょうちょ》の深度を深めていけること。しかも二つ目として、くり返し読み直したりすることによって自分が納得するまで時間をかけ理解を深めることができること（実際の会話では「えっ、今なんて言ったの。もう一度言ってみて」、なんて何度も聞き直すことはできませんものね）。あと三つ目としては、多くの本を読むということは、いろんな人が語ってくれるわけですから、小説にしても評論にしても、「あ、こんな考え方がある」「ナルホド、そういう感じ方があるのか」という発見を自分の中に取り込めるということ。実際のつき合いではそんなにいろいろなキャラクターの人とコミュニケーションすると「人疲れ」することがありますよね。でも本を読む上では作者でも登場人物でも、いろいろな性格の人と比較的《ひかくてき》楽に対話することができます。その結果、少しずつ自分の感じ方や考え方を作り変えていくことができるわけです。そういう体験を少しずつ積み重ねることは、多少シンドイ面もありますが、慣れてくると、じつはとても楽しい作業になるのです。

こうしたことに関係があるキーワードとして、「楽（ラク）」と「楽しい」という二つの言葉を対比させて考えることができると思います。「楽（ラク）」も、「楽しい」も漢字は同じですよね。⑤この二つの意味するところは、一致《いっち》する場合もあるけれど、でも必ずしもまったく重なるというわけではありません。ラクして得られる楽しさはタカが知れていて、むしろ苦しいことを通して初めて得られる楽しさのほうが大きいことがよくあるのです。苦しさといっても、別に大げさなことである必要はありません。

私は青森県の弘前《ひろさき》市に住んでいたことがあるのですが、弘前公園は桜が有名で、どうせなら一番きれいな桜を見たいなと思ったことがありました。でも夜は花見の宴会《えんかい》をやってゴタゴタしていて、昼は昼で人が多い。桜そのものの美しさと静かに向かい合いたいのにそれができない。いっそ思い切って早朝五時ごろに見に行こうと思い立ちました。じつは私は夜型人間で早起きは大の苦手なのですが、その日だけはなんとか頑張って早起きをすることができました。眠い目をこすりながら公園に行ってみると、きれいな澄《す》んだ空気と静寂《せいじゃく》の中に、*4ソメイヨシノがふわっと咲いて浮かび上がる姿が、なんとも荘厳《そうごん》で美しいものでした。静かな雰囲気《ふんいき》で本当に美しい桜を見てみようと思い立ち、ラクをせずに早起きするというちょっとだけ苦しい思い（じつは私としては相当頑張ったのですが！）をしてみると、「なるほどこういうすばらしい体験が待っているんだなあ」と、そのときつくづく思ったものです。

「ちょっと苦しい思いをしてみる」ことを通して、本当の楽しさ、生のあじわいを得るという経験はとても大切なんじゃないかと思うんです。ラクばかりして得られる楽しさにはどうも早く限界（飽《あ》き）が来るような気がします。けれどちょっと無理して頑張ってみることで得られた楽しさは、その思いがとても長続きして、次に頑張る力を支えるエネルギーにもなります。かといって、ものすごく大変な苦しみばかりでは、疲れて嫌になってしまいますよね。どの程度の努力、どの程度の頑張りが、本当の楽しさをあじわうきっかけや力になるのかということを若い人たちにアドバイスしたり、自分で手本となって示せることも、「大人」といわれる人びとのとても大切な社会的役割だと思うのです。

　こうしたことは、人間関係にだってあてはまると考えられます。他者への恐《おそ》れの感覚や自分を表現することの恐れを多少乗り越えて、少々苦労して人とゴツゴツぶつかりあいながらも理解を深めていくことによって、⑥「この人と付き合えて本当によかったな」という思いを込めて、人とつながることができるようになると思うのです。

（菅野仁『友だち幻想　人と人の〈つながり〉を考える』ちくまプリマー新書より）

*1ドストエフスキー……ロシアの小説家（一八二一～一八八一）　*2トルストイ……ロシアの思想家、小説家（一八二八～一九一〇）

*3ゲオルク・ジンメル……ドイツの社会学者（一八五八～一九一八）　*4ソメイヨシノ……桜の種類の一つ

問一　空欄《くうらん》Ⅰ～Ⅲに入る言葉として適切なものをそれぞれ次の中から選び、記号で答えなさい。

ア　だから　　イ　でも　　ウ　あるいは　　エ　しかも　　オ　たとえば　　カ　ところで

問二　傍線部ⓐ～ⓔについて、カタカナは漢字に直し、漢字はその読みをひらがなで書きなさい。

問三　傍線部①「千年以上前の人間、しかも歴史を代表する知性や感性を持った大人物とだって対話ができる」とあるが、これと関連する四字熟語として適切なものを次の中から選び、記号で答えなさい。

ア　一日千秋　　イ　十人十色　　ウ　温故知新　　エ　自由自在　　オ　日進月歩

問四　傍線部②とあるが、筆者は読書のどのようなところに「コミュニケーションの本質」があると思っているのか。その説明として適切なものを次の中から選び、記号で答えなさい。

ア　書き手と自分の考えの相違を意識しながら読むことで、価値観の多様性に気がつけるところ。

イ　書き手の考えを想像しながら読むことで、日本の歴史の奥深さを実感できるようになるところ。

ウ　書き手と自分の考えを対比しながら読むことで、対話をしているような感覚になれるところ。

エ　書き手の考えに寄り添いながら読むことで、双方向的な話し合いをしている気分になるところ。

問五　傍線部③「具体的な人との関係でも、漫然と言葉を交わしているだけではだめなのです」について、次の各問いに答えなさい。

⑴「漫然と言葉を交わしている」様子が具体的に書かれている部分を本文中から四十字程度で抜き出し、初めと終わりの五字を答えなさい。

⑵筆者が「具体的な人との関係」で「漫然と言葉を交わしているだけではだめ」だと思うのはなぜか。四十五字以内で答えなさい。

問六　傍線部④「読書のよさ」について、筆者はどのようなところだと思っているか。それを説明した次の文の空欄に入る内容を五十五字以内で答えなさい。

・目の前にいない人との対話を通して情緒の深度を深めたり、くり返し読み直すことで自分が納得するまで理解を深めたりするだけでなく、（　　　　　　　　）ところ。

5　図1のような直方体の形をした水そうに水が入っていて，水の深さは6 cmです。また，図2のような直方体の形をしたおもりがあり，このおもりの上の面を面A，右の面を面Bとします。次の問いに答えなさい。

(1)　水そうに入っている水の体積は何 cm^3 ですか。

(2)　おもりを面Aが水そうの底につくように入れたとき，水そうに入っている水の深さは何 cm になりますか。

(3)　おもりを面Bが水そうの底につくように入れたとき，水そうに入っている水の深さは何 cm になりますか。

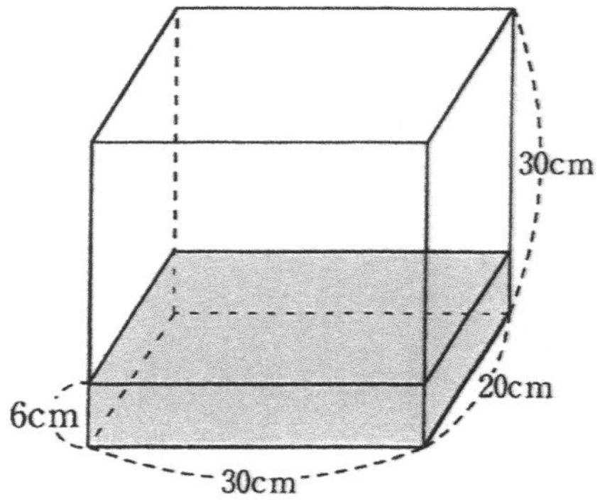

図1

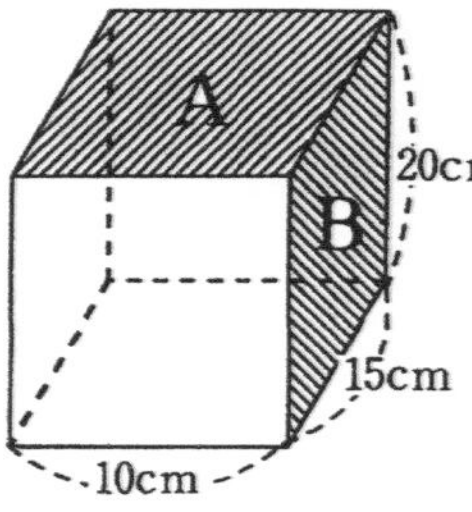

図2

4　下の図は1辺が1cmの正方形を6個並べた図形です。3点A，C，Dを結んで三角形ACDをつくります。次の問いに答えなさい。

(1)　三角形ACDの面積は何cm^2ですか。

(2)　2点BとEを結んでできる直線と辺ACとの交点をF，2点BとEを結んでできる直線と辺ADとの交点をGとするとき，三角形AFGの面積は何cm^2ですか。

(3)　三角形AFGの2つの辺AGとFGのつくる角㋐の大きさは何度ですか。

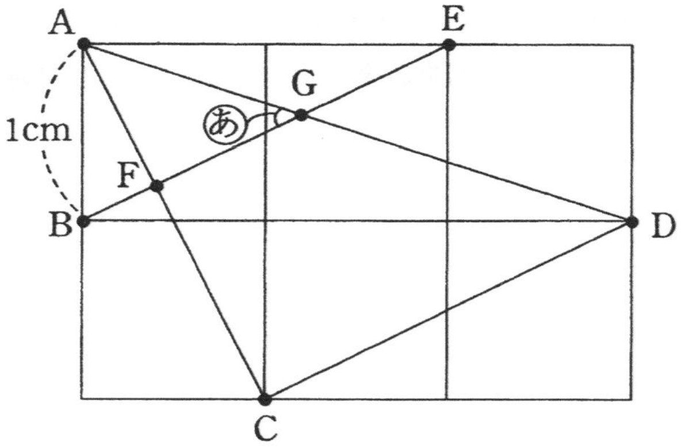

3　２つの会議室があり，会議室の利用料金は次のとおりです。
　第１会議室の利用料金は，基本料金22000円に加え，利用時間が４時間までは１分ごとに40円かかります。４時間をこえると，こえた分の利用時間１分ごとに72円かかります。
　第２会議室の利用料金は，基本料金25620円に加え，利用時間１分ごとに47円かかります。次の問いに答えなさい。

(1)　第１会議室を３時間使用した場合の利用料金は何円ですか。

(2)　第１会議室を５時間30分使用した場合の利用料金は何円ですか。

(3)　第１会議室の利用料金と第２会議室の利用料金が同じになるのは利用時間が何時間何分のときですか。

問１　下線部①について，（　**ア**　），（　**イ**　）にあてはまる消化管の部位の名前を答えなさい。

問２　下線部②について，アミノ酸４個からなるタンパク質は最大何種類になりますか。

問３　**図２**は，ある生物のタンパク質の特ちょうを決める，DNAの塩基の並び方の一部を示しています。このDNAのある１つの塩基が別の塩基に変化し，その結果，アミノ酸が「アスパラギン」から「チロシン」に変化したとすると，**図２**の左から何番目の塩基が何から何に変わったと考えられますか。**表１**を参考にして答えなさい。ただし，**図２**の左はしの**A**を１番目とします。

・・・ACCCACTAATGGTGTTGGT・・・

図２

問４　PCRではDNAが入っている液体の温度を，**表２**の操作Ⅰ～Ⅲのように保つ必要があります。操作Ⅰ～Ⅲが完了するとDNAが２倍になります。操作Ⅰ～Ⅲを繰り返すことで，少量のDNAを短い時間で何倍にも増やすことができます。では，操作Ⅰ～Ⅲを１０回繰り返すと，DNAは何倍に増えますか。

表２

操作	時間	温度
Ⅰ	30秒～１分	94℃に保つ
Ⅱ	１分	55℃に保つ
Ⅲ	１～２分	72℃に保つ

問５　PCRの装置では，**表２**の操作Ⅰ～Ⅲの温度をプログラムで自動的に変化させています。55℃の水をヒーターで温めていき，72℃に保つ**図３**のようなプログラムをつくるときに，図中の（　**ウ**　）～（　**オ**　）にあてはまる適切な数値や言葉を入れなさい。

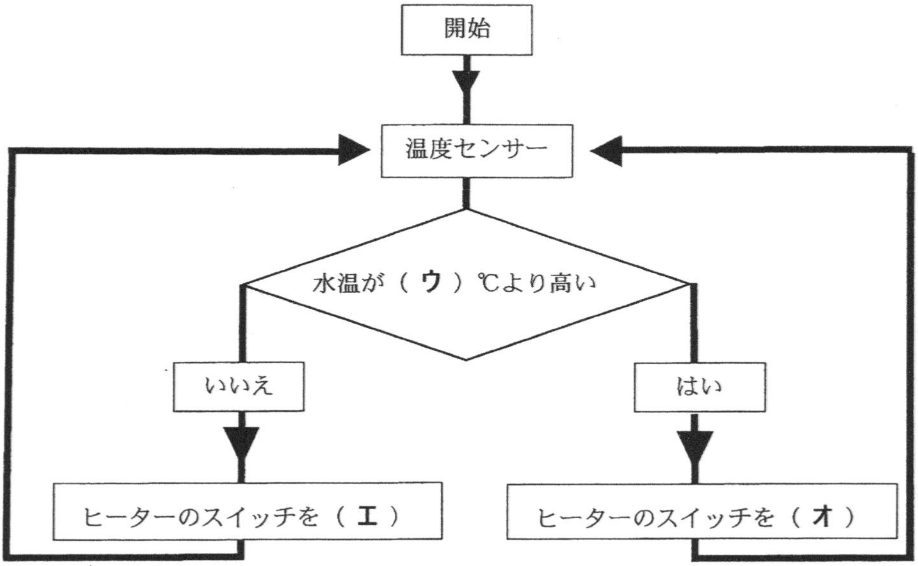

図３

3 次の説明文を読んで，下の各問いに答えなさい。

生物の特ちょうは，それぞれの生物の体の中でつくられるタンパク質の種類によって決まります。タンパク質は生物が生きる上でとても重要なはたらきを持ち，その種類と性質は，タンパク質のもとになる20種類のアミノ酸の並び方によって決まります。

表1の20種類のアミノ酸のうち，フェニルアラニンやロイシンなどは私たちの体内でつくることができないため，それらのアミノ酸は，食べ物に含まれるタンパク質を消化・分解したものを利用しています。①食べ物に含まれるタンパク質は，まず（　**ア**　）で消化され，その後アミノ酸まで分解されて，（　**イ**　）で吸収されます。吸収されたアミノ酸を材料にして，さまざまな種類のタンパク質がつくられます。このときタンパク質の設計図としてはたらくものがDNAです。

DNAは，**図1**のように2本のリボンがらせん状に巻きつき合ったつくりをしています。そのリボンは**A**，**T**，**G**，**C**の記号で表される4種類の塩基と呼ばれるもので構成され，これら4種類の塩基の並び方が，生物の設計図として情報を持つことになります。

例えば，**表1**のようにDNAの塩基の並び方が**TTT**ならフェニルアラニン，**TTA**ならロイシンなどのように，タンパク質のもとになるアミノ酸の種類は，4種類の塩基の中の3つの塩基の種類とその並び方によって決まります。DNAの塩基の並び方によって，②アミノ酸の種類と並び方が異なるため，つくられるタンパク質の種類も異なります。

生物の設計図であるDNAの塩基の並び方をくわしく調べれば，その生物の特ちょうを知ることができます。DNAを調べるためには多量のDNAが必要になります。近年よく耳にする「PCR」とは，ごくわずかな量のDNAを短い時間で多量に増やす方法で，これまでも犯罪捜査《そうさ》や親子鑑定《かんてい》などさまざまな場面で利用されてきました。この技術を利用すれば，新型コロナウイルスに感染したかどうかを調べることができます。

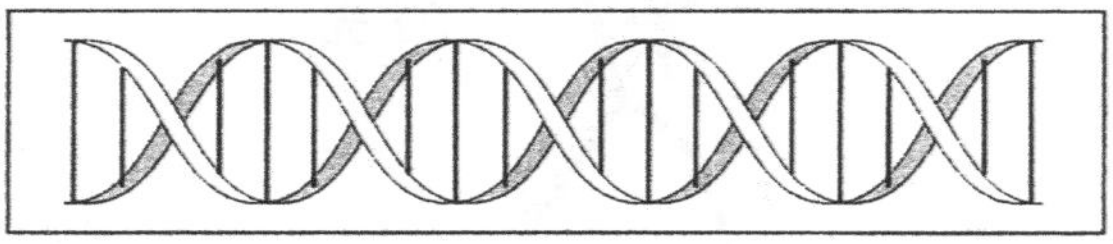

図1

表1　3つの塩基の並び方とそれによって決まるアミノ酸の種類

1文字目	2文字目				3文字目
	T	**C**	**A**	**G**	
T	フェニルアラニン	セリン	チロシン	システイン	**T**
	フェニルアラニン	セリン	チロシン	システイン	**C**
	ロイシン	セリン	終止	終止	**A**
	ロイシン	セリン	終止	トリプトファン	**G**
C	ロイシン	プロリン	ヒスチジン	アルギニン	**T**
	ロイシン	プロリン	ヒスチジン	アルギニン	**C**
	ロイシン	プロリン	グルタミン	アルギニン	**A**
	ロイシン	プロリン	グルタミン	アルギニン	**G**
A	イソロイシン	トレオニン	アスパラギン	セリン	**T**
	イソロイシン	トレオニン	アスパラギン	セリン	**C**
	イソロイシン	トレオニン	リシン	アルギニン	**A**
	メチオニン	トレオニン	リシン	アルギニン	**G**
G	バリン	アラニン	アスパラギン酸	グリシン	**T**
	バリン	アラニン	アスパラギン酸	グリシン	**C**
	バリン	アラニン	アスパラギン酸	グリシン	**A**
	バリン	アラニン	アスパラギン酸	グリシン	**G**

※表中の「終止」は対応するアミノ酸がないことを示します

問 3　下線部③について，次の **A**～**D** の海の生き物を一般的な食物連鎖の順に並べ，記号で答えなさい。

A　カツオ　　　**B**　イワシ　　　**C**　ミジンコ　　　**D**　シャチ

問 4　下線部④について，**図 2** は館太郎から見えている魚の位置をで表しています。会話文や図の補助線を参考にして，実際に魚がいると思われる位置を **A**～**E** から選び，記号で答えなさい。

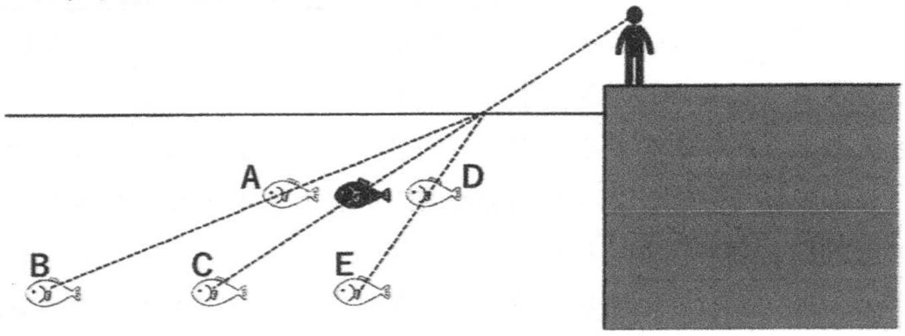

図 2

問 5　下線部⑤について，館太郎は**図 3** のように，つりざおのはしを体で支え，さおを両手で持っています。**図 4** のように持ち直したとき，館太郎の手にかかる力は，はじめに持っていたときの何倍になりますか。ただし，答えは小数第 3 位を四捨五入し，小数第 2 位まで求めなさい。

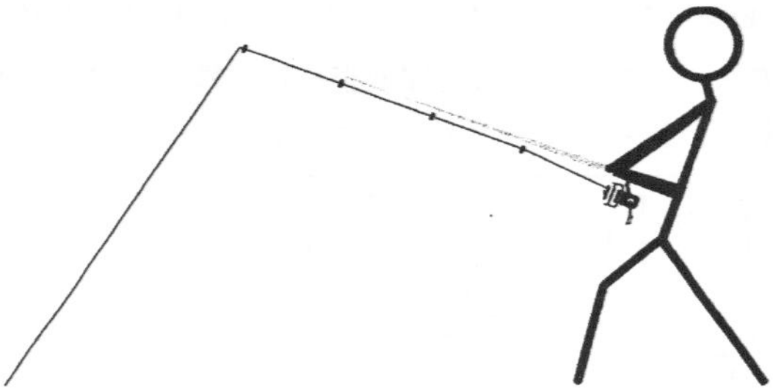

図 3

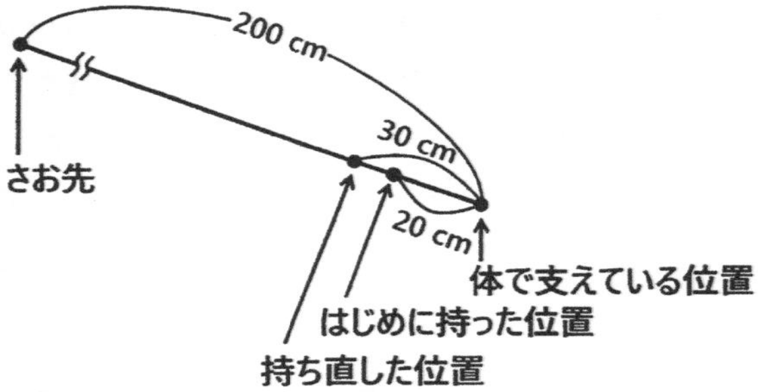

図 4

問 6　**図 5** は魚の血液のめぐるようすを表しています。下の問いに答えなさい。

（1）**図 5** の **A** は肺の代わりにはたらくものです。名前を答えなさい。

（2）酸素を最も多く含んだ血液が流れているのはどこですか。**図 5** の **B**～**D** から選び，記号で答えなさい。

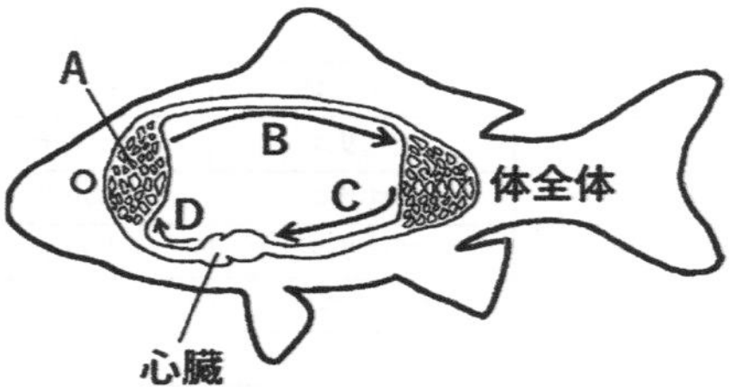

図 5

問 7　海水には，食塩の他にもいろいろなものがとけています。館太郎は，海と同じ濃度の海水 150 g をつくることにしました。食塩以外のものについては，お父さんが正しい分量を準備してくれることになりましたが，食塩については，館太郎が正しい分量を準備することになりました。館太郎が準備する食塩の量は何 g ですか。ただし，海水の濃度は 3 %とします。また，海水にとけているもののうち 20%は食塩以外のものとします。

問8　下線部⑧について、鎖国の時代にも海外との交流が一部行われていました。それらの地域に関する説明として正しいものを、次の**ア**～**エ**のうちから1つ選んで、記号で答えなさい。

ア　薩摩藩は琉球王国を支配し、貿易の利益などを手に入れた。
イ　朝鮮との交流が復活し、日本から朝鮮に通信使が派遣された。
ウ　シャクシャインの率いたアイヌの人々は、和人による支配から独立した。
エ　オランダと中国の人々は出島で貿易を行った。

問9　下線部⑨について、このとき千島列島にロシアとの国境線を定めましたが、その線を解答欄に書き込みなさい。

問10　下線部⑩によって社会が混乱すると、幕府の政治に対する不満から一揆がおこりました。このような一揆を何と言いますか。

問11　下線部⑪のように西洋の文化を取り入れ、近代化しようとした動きを何と言いますか。漢字4字で答えなさい。

問12　下線部⑪の、国力を強めるための改革の説明として誤っているものを、次の**ア**～**エ**のうちから1つ選んで、記号で答えなさい。

ア　年貢に代わって、土地の価格に応じた地租という税金を納めさせた。
イ　政府によって最新の機械を備えた富岡製糸場をつくった。
ウ　20歳以上の男子の志願兵による、近代的な軍隊をつくった。
エ　小学校から大学までの学校制度が定められ、全国各地に小学校がつくられた。

問13　下線部⑫について、戦地の弟を思い、戦争への疑問を歌った歌人はだれですか。

問14　下線部⑬について、このころ、女性の社会地位の向上を目指して活動した女性はだれですか。

問15　下線部⑭について、日本との間にこの条約を結ばなかった国を、次の**ア**～**エ**のうちから1つ選んで、記号で答えなさい。

ア　アメリカ　　**イ**　ソ連　　**ウ**　イギリス　　**エ**　フランス

問２　下線部②について、邪馬台国に関する説明として誤っているものを、次の**ア～エ**のうちから1つ選んで、記号で答えなさい。

ア　この国では、もとは男子の王が治めていたが、国々の間で争いがおこり、一人の女子を王にした。

イ　30ほどの小国を従える国であった。

ウ　女王は自ら武器を持ち、強力な軍を率いて他の国を従えた。

エ　邪馬台国の位置については、九州説と近畿説がある。

問３　下線部③について、このころ、仏教の教えを広めようとした聖徳太子が建てた寺院の名称を答えなさい。

問４　下線部④について、遣唐使の派遣が始まると、途中で船が難破したり、漂流することもたびたびありました。そのような危険がありながら、派遣された目的は何でしょうか。30字以内で答えなさい。

問５　下線部⑤の日本風の文化の中で使われた、ひらがなについての説明として正しいものを、次の**ア～エ**のうちから1つ選んで、記号で答えなさい。

ア　武士や庶民にも普及し、朝廷の法律もかな文字で書きなおされた。

イ　貴族の女性は漢字の教養が必要とされたので、漢詩や漢文が重視された。

ウ　日本古来の言葉や感情を表現できるようになった。

エ　ひらがなが広まるとともに、漢字は使用されなくなった。

問６　下の図は、下線部⑥の戦いについて書かれた絵巻物の一場面です。戦いが終わった後、右側の御家人（竹崎季長）は左の幕府の有力者に何を訴えているのでしょうか。簡単に説明しなさい。

「蒙古襲来絵詞（模本）」（九州大学附属図書館所蔵）部分

問７　下線部⑦について、江戸幕府が行ったこととして正しいものを、次の**ア～エ**のうちから1つ選んで、記号で答えなさい。

ア　大名を統制するために、御成敗式目という法律を定め、違反した大名を厳しく罰した。

イ　大阪を起点として五街道を整備した。

ウ　町人は百姓より低い身分とされ、営業税など百姓より重い税を納めた。

エ　村役人を中心に村を共同で運営させ、年貢も村ごとに納めさせた。

4 アミさんは、外国との関係が日本の歴史にどのような影響を与えたのか、調べて年表にまとめてみました。この年表を見て、あとの問いに答えなさい。

西暦年	外国との関係	国内でのできごと
57年	①九州北部の豪族が中国に使いを送り、中国の皇帝から金印を与えられる	日本各地に小国ができていた
239年	②邪馬台国の女王が中国に使いを送る	
		ヤマト政権が成立する
	朝鮮や中国から多くの渡来人が渡ってくる	
	大陸から仏教が伝わる →	③豪族らも仏教を取り入れ、寺院を建てた
630年	④遣唐使の派遣がはじまる	↓
		天皇の命令で東大寺がつくられる
894年	遣唐使の派遣が停止される →	⑤日本風の文化が貴族の生活の中から生まれた
1274年	元が大軍で攻めてくる →	⑥御家人を動員した幕府は元軍を退ける
1592年	豊臣秀吉が朝鮮に軍を送る	秀吉の死後、豊臣氏の力が弱り、⑦徳川家康が江戸幕府を開く
1641年	⑧鎖国が完成する	国内の平和が続き、農業生産が増え、商業も発達した
1853年	ペリーが浦賀に来航し開国を要求	幕府は朝廷に報告し大名の意見も聞き、開国する
1854年	日米和親条約を結ぶ →	⑨ロシアとも同じような条約を結ぶ
1858年	日米修好通商条約を結ぶ →	⑩日本と外国との貿易がはじまる
	不平等条約の改正へ向けて外国との交渉がおこなわれる	条約改正交渉をすすめるために、⑪西洋の文化を取り入れ、国力を強めようとした
1904年	⑫日露戦争が始まる	
1914年	第一次世界大戦がおこり、日本も参戦する	戦後、⑬民主主義の考え方が広まった
1937年	北京郊外の衝突をきっかけに日中戦争がはじまる →	戦争が長期化し、戦時体制が強まり、国民生活がきびしくなった
1941年	日本とアメリカの戦争がはじまる	
1945年	第二次世界大戦が終わる	
1951年	⑭アメリカなど 48 か国と条約を結び翌年独立を回復した	この頃、アメリカ軍向けの軍需物資の生産で好景気になる

問1　下線部①についての説明として正しいものを、次の**ア**～**エ**のうちから1つ選んで、記号で答えなさい。

ア　中国の皇帝は日本の小国に従う証明として、金印をおくった。

イ　日本の小国は中国の皇帝の力を利用して、国内の立場を強めようとしていた。

ウ　中国の皇帝は日本の小国と同盟を結び、朝鮮の国々に対抗しようとした。

エ　日本の小国は中国と同盟を結び、蝦夷を征服しようとした。

問8　**A**～**G**の説明文を貼り付ける地方のカードを、次の①～⑨のうちから選んで、それぞれ記号で答えなさい。なお、アキラさんはそれぞれの地方のカードの大きさが縦横20cm程度になるくらいに工夫して作っており、今机の上に置いている状態では方位は一定ではありません。また、同じ説明文を複数のカードに貼り付けることはできません。アキラさんは以前いろいろな国のカードを作ったこともあるのですが、その時作ったブラジルのカードの完成品を下に例として表示してあります。また、この時完成しなかったカードが1枚、今回の①～⑨のカードの中にまぎれてしまっています。

①
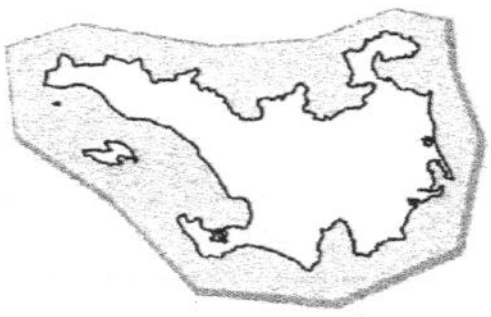

②
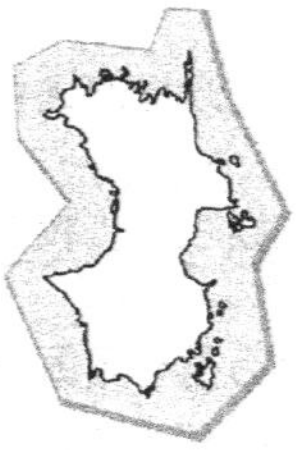

③
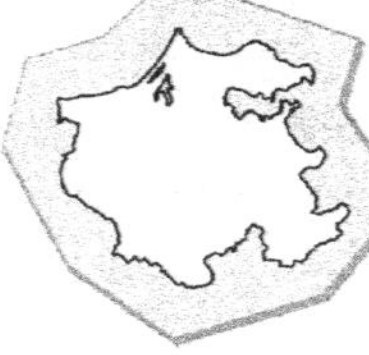

④
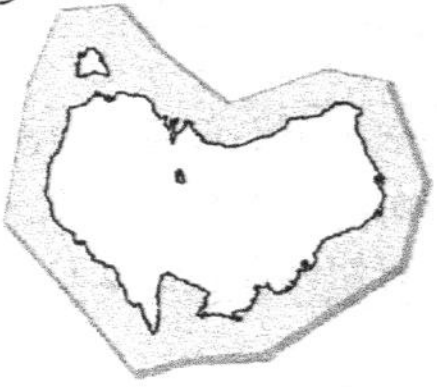

⑤
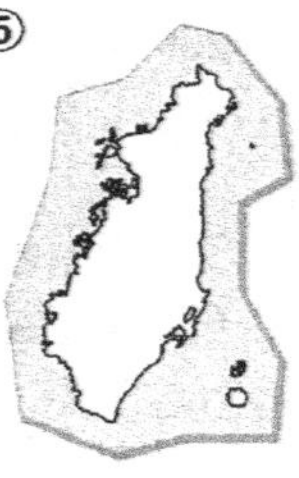

⑥

⑦
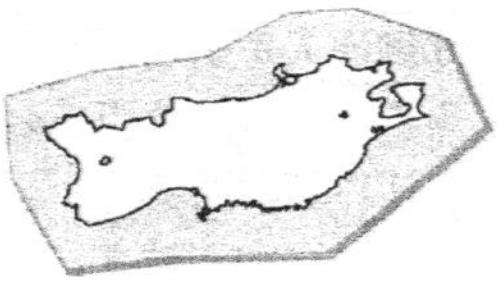

⑧
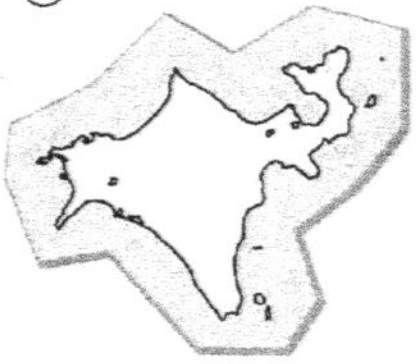

⑨
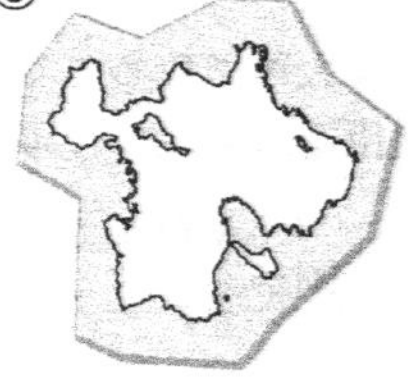

以前作ったブラジルのカードの例（原寸大の半分）

問9　アキラさんはみかんが大好きなのですが、みかんの生産が多い上位3県が入っている地方を、**A**～**G**の説明文のうちからすべて選んで、記号で答えなさい。

問10　アキラさんは説明文が一つ足りないことに気づきました。どの地方の説明文が足りないのか、地方名を答えなさい。

問八

二

問一
ⓐ
ⓑ
ⓒ
い
ⓓ
ⓔ

問二
Ⅰ
Ⅱ

問三

問四
A
B

問五

問六

問七

問八

2023年度　志學館中等部

入学試験問題　　**解　答　用　紙**　　**算　数**

1

(1)	(ア)		(イ)		(ウ)		
(2)		(3)	人	(4)	人以上　人以下		
(5)	通り	(6)	度	(7)	cm^2		
(8)	%						

2

(1)		(2)	小数第　　位	(3)	小数第　　位

3

【解答用

2023年度　志學館中等部　入学試験　解答用紙　【理科】

1

問1	①	②	
問2		問3	
問4		問5	
問6	→ → →		
問7		問8	
問9	と		
問10	$1cm^3$あたり　g	問11	通り
問12			

2023年度　志學館中等部　入学試験　解答用紙　【社 会】

1

問1		問2		問3	
問4	(2)		(4)		

問5	公布日　西暦　　　年　　月　　日
	施行日　西暦　　　年　　月　　日
問6	

問7		問8		問9	

2

問1		問2	

3

問1	Ⅰ		Ⅱ	

問2	

問3		問4	

問5	a		b	

問6		問7	

問8	A	B	C	D	E	F	G

問9		問10	

問1		問2		問3	

問4	

問5	

問6	

問7		問8	

問9

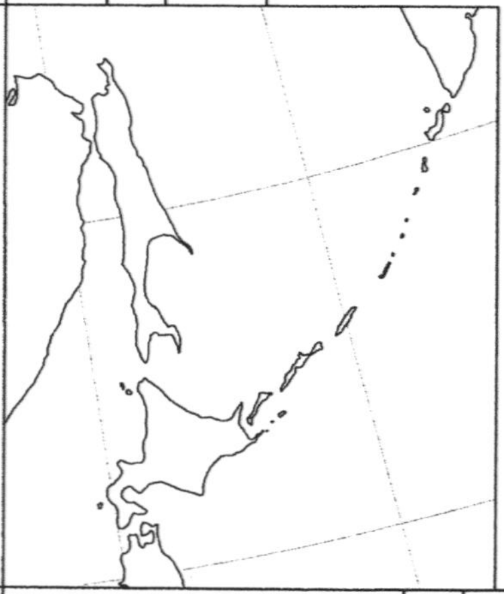

問10		問11		問12	
問13		問14		問15	

受験番号		名前	

得点	※80点満点（配点非公表）

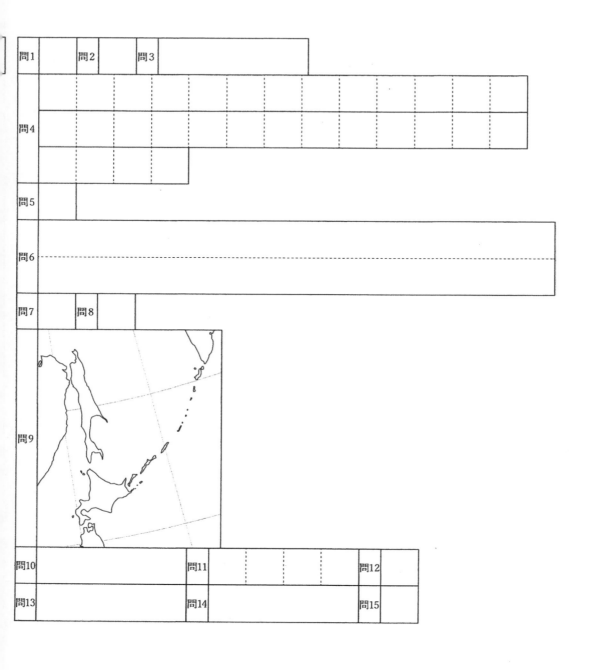

2

問 1				
問 2	→　→　→		問 3	→　→　→
問 4			問 5	倍
問 6	（1）		（2）	
問 7	g			

3

問 1	(ア)		(イ)			
問 2	種類					
問 3	左から(　　　)番目の塩基が (　　　)から(　　　)に変わった。					
問 4	倍					
問 5	(ウ)		(エ)		(オ)	

受験番号		名前		得点	※80点満点（配点非公表）

4					
(1)	cm^2	(2)	cm^2	(3)	度

5					
(1)	cm^3	(2)	cm	(3)	cm

受験番号		名前	

得点	※120点満点 （配点非公表）

入学者選抜問題　国語　解答用紙

二〇二三年度　高等部中学部

受験番号		氏名	

※100点満点
（配点非公表）

二〇二三年度　志學館中等部

入学試験問題　国語　解答用紙

受験番号

名前

一

問一　Ⅰ　Ⅱ　Ⅲ

問二　ⓐ　ⓑ　ⓒ　ⓓ　ⓔ

問三

問四

問五　(1)　〜　(2)

問六

問七　A　B

※120点満点
（配点非公表）

3 アキラさんは日本を東北・関東などの地方に分けて、それぞれの地方の特徴をまとめてカードを作ることにしました。それぞれのカードに貼り付ける説明文は以下の**A**～**G**の文章です。この文章の内容について、あとの問いに答えなさい。

A この地方は北部の海沿いで工業が発達しています。他の地方と比較して（ **I** ）が盛んな所が多いです。

B この地方は他の地方と比較して米の生産割合が低いです。他の地方と比較して、（ **X** ）に関する企業が多いです。

C この地方の西部は冬の降水量が多いです。中心都市は（ **a** ）です。

D この地方の北部では二毛作がよく行われています。他の地方と比較して、（ **Y** ）の人々が多く訪れます。

E この地方はかつては日本の中心部でした。この地方と（ **あ** ）の地方にまたがる地域には輪中集落が多くみられます。

F この地方の工業は食品加工の割合が高いです。中心都市は（ **b** ）です。

G この地方の合掌造りの集落は◆世界遺産に登録されています。他の地方と比較して（ **II** ）が盛んです。

問1　説明文中の**I**・**II**に入る工業の種類をそれぞれ**ア**～**エ**のうちから選んで、記号で答えなさい。
ア　鉄鋼業　**イ**　自動車工業　**ウ**　造船業　**エ**　繊維産業

問2　説明文中の**I**の工業が盛んな理由を説明しなさい。

問3　説明文中の**X**に入るのに適切な語句を、次の**ア**～**エ**のうちから1つ選んで、記号で答えなさい。
ア　牧畜　**イ**　情報通信　**ウ**　伝統工芸　**エ**　医療・介護

問4　説明文中の**Y**に入る適切な国名を、次の**ア**～**エ**のうちから1つ選んで、記号で答えなさい。
ア　アメリカ　**イ**　中国　**ウ**　韓国　**エ**　オーストラリア

問5　説明文中の**a**・**b**に入る都市名を答えなさい。

問6　説明文中の下線部◆について、鹿児島県内で登録されている場所を、次の**ア**～**オ**のうちからすべて選んで、記号で答えなさい。
ア　藺牟田池　**イ**　奄美大島　**ウ**　桜島　**エ**　屋久島　**オ**　池田湖

問7　説明文中の（ **あ** ）にあてはまる地方を、**A**～**G**から１つ選んで、記号で答えなさい。

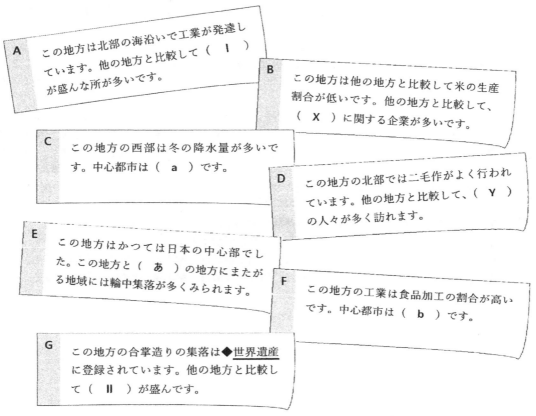

2 円高・円安について、あとの問いに答えなさい。

問1　次の文中の空欄に当てはまる語句の組み合わせとして正しいものを、次の**ア**～**エ**のうちから1つ選んで、記号で答えなさい。

外国のお金と比べて円の価値が（　**1**　）ことを円高といいます。
日本の通貨である「円」が、世の中に出回っている量が多ければ多いほど円の価値は（　**2**　）、（　**3**　）が進みます。

ア　（**1**）高い　（**2**）上がり　（**3**）円高　　**イ**　（**1**）高い　（**2**）下がり　（**3**）円安
ウ　（**1**）低い　（**2**）上がり　（**3**）円安　　**エ**　（**1**）低い　（**2**）下がり　（**3**）円高

問2　円高・円安の影響についての説明として正しいものを、次の**ア**～**エ**のうちから1つ選んで、記号で答えなさい。
ア　円高が進めば、海外からの日本への旅行客は増加する傾向になる。
イ　円安が進めば、日本からの海外への旅行客は増加する傾向になる。
ウ　日本の輸入を中心としている会社は、円高が進めば、輸入量が減少する傾向になる。
エ　日本の輸出を中心としている会社は、円安が進めば、輸出量が増加する傾向になる。

問4　**【資料Ⅰ】・【資料Ⅱ】** の（**2**）・（**4**）に当てはまる語句をそれぞれ答えなさい。

問5　**【資料Ⅱ】** が公布された日、施行された日を解答欄にしたがってそれぞれ答えなさい。

問6　**【資料Ⅱ】** の下線部①について、国民主権とはどのような権利ですか。25字以内で答えなさい。

問7　**【資料Ⅱ】** の下線部②について、憲法に規定されている国事行為として正しいものを、次の**ア**～**エ**のうちから1つ選んで、記号で答えなさい。

ア　衆議院を解散する。　**イ**　内閣総理大臣を指名する。　**ウ**　条約を締結する。

エ　予算を作成する。

問8　次の **【資料Ⅲ・Ⅳ】** は、選挙に関する法律の制定・改正時の人口数、有権者数とその人口比の推移を表したものです。資料を参考にして選挙権の拡大についての説明文として最も適切なものを次の**ア**～**エ**のうちから1つ選んで、記号で答えなさい。

【資料Ⅲ】

選挙法 制定・改定年	有権者数	人口数
1889 年	45 万人	3947 万人
1900 年	98 万人	4385 万人
1919 年	307 万人	5503 万人
1925 年	1241 万人	5974 万人
1945 年	3688 万人	7215 万人
2016 年	1 億 620 万人	1 億 2704 万人

【資料Ⅳ】

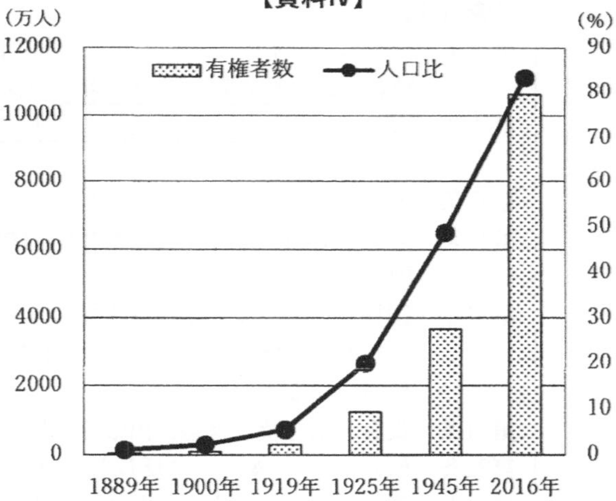

ア　1889年に選挙法が公布され、25歳以上、直接国税10円以上を納める男子（人口比の約1%）に選挙権が与えられ、第1回衆議院議員選挙が実施された。

イ　1925年に普通選挙法が制定され、納税の義務が撤廃され25歳以上のすべての男子に選挙権が与えられ、1919年時点と比べ有権者数は約4倍に増えた。

ウ　1945年には25歳以上の男女平等の普通選挙が実現し、国民の半数近くが選挙権を持った。

エ　2016年に法律が改正され、選挙権の年齢が18歳に引き下げられ、日本で初めて国政選挙が行われた当時と比べると有権者数は約80倍に増えた。

問9　**【資料Ⅰ】** と **【資料Ⅱ】** の内容の説明文として最も適切なものを、次の**ア**～**エ**のうちから1つ選んで、記号で答えなさい。

ア　大日本帝国憲法および日本国憲法では、陸海空軍の戦力を保持することが定められている。

イ　大日本帝国憲法では、天皇は国政に関する権限を持っていないと定められている。

ウ　国民の納税の義務については、大日本帝国憲法には規定はなく、日本国憲法ではじめて明記されている。

エ　日本国憲法では、天皇は司法権に関わることができないと定められている。

1 【資料Ⅰ】・【資料Ⅱ】は日本で制定された2つの憲法の条文の一部です。憲法について、あとの問いに答えなさい。

【資料Ⅰ】
第1条　大日本帝国は、万世一系の天皇が統治する。
第3条　天皇は、（　1　）であって、侵してはならない。
第5条　天皇は、帝国議会の協賛をもって、立法権を行使する。
第11条　天皇は、陸海軍を統帥する。
第21条　日本臣民は、法律の定めるところに従い、納税の義務を有する。
第22条　日本臣民は、（　2　）の範囲内において、居住及び移転の自由を有する。
第29条　日本臣民は、（　2　）の範囲内において、言論、著作、印行、集会及び結社の自由を有する。
第57条　司法権は、天皇の名において、法律により、裁判所が行使する。

【資料Ⅱ】
第1条　天皇は、日本国の（　3　）であり日本国民統合の（　3　）であつて、この地位は、①主権の存する日本国民の総意にもとづく。
第4条　天皇は、②この憲法の定める国事に関する行為のみを行い、国政に関する権能を有しない。
第6条　天皇は、国会の指名にもとづいて、内閣総理大臣を任命する。
第9条　2項　前項の目的を達するため、陸海空軍その他の戦力は、これを保持しない。国の交戦権は、これを認めない。
第11条　国民は、すべての基本的人権の享有を妨げられない。この憲法が国民に保障する基本的人権は、侵すことのできない永久の権利として、現在及び将来の国民に与へられる。
第21条　集会、結社及び言論、出版その他一切の表現の自由は、これを保障する。
第22条　何人も、（　4　）に反しない限り、居住、移転及び職業選択の自由を有する。
第30条　国民は、法律の定めるところにより、納税の義務を負う。
第76条　すべて司法権は、最高裁判所及び法律の定めるところにより設置する下級裁判所に属する。

問1　【資料Ⅰ】を制定する際に憲法や議会のあり方について調べるため、明治政府によって西洋へ派遣され、のちに初代の内閣総理大臣に任命された人物はだれですか。漢字で答えなさい。

問2　戦後、アメリカを中心とする連合国軍の指示のもとに日本政府は憲法づくりを行いました。【資料Ⅱ】の制定にあたり自ら憲法草案を提示するなど、民主的な社会をつくるための改革を進めた連合国軍の総司令官はだれですか。

問3　【資料Ⅰ】・【資料Ⅱ】の（1）・（3）に当てはまる語句の組み合わせとして正しいものを次の**ア**～**カ**のうちから1つ選んで、記号で答えなさい。

ア　（1）国家元首　（3）神聖　　**イ**　（1）神聖　（3）国家元首
ウ　（1）神聖　（3）象徴　　**エ**　（1）象徴　（3）神聖
オ　（1）象徴　（3）国家元首　　**カ**　（1）国家元首　（3）象徴

2023年度志學館中等部入学試験問題

社　会

（40分）

【 受験上の注意 】

1．試験開始の合図があるまで、この問題冊子の中を見てはいけません。

2．解答は、この冊子の間にはさんである解答用紙の解答欄《らん》の枠《わく》内に収まるように全て記入しなさい。

3．この問題冊子と解答用紙には、受験番号・名前を必ず記入しなさい。

4．字数制限のあるものは、原則として句読点「　」も一字に数えます。（指示のあるものは除く。）

5．メモや計算は、問題冊子の余白を利用しなさい。

受験番号		名　前	

志學館 中等部 高等部

SHIGAKUKAN junior high school senior high school

2 館太郎とお父さんがある日の早朝，魚つりに出かけました。次の会話文を読んで，下の各問いに答えなさい。

館太郎　：きれいな月だね。今日はたくさん魚がつれるといいな。
お父さん：楽しみだね。さあ，そろそろ海に到着だよ。
館太郎　：あれ，いつもよりつり場の海の水位が高い気がする。
お父さん：今，ちょうど満潮の時刻ということもあるけど，これは①月の形が関係しているよ。
館太郎　：えっ，月の形で海の水位が変わるんだ！
お父さん：それから，このつり場は，がけがすぐ近くにあるけど，面白い模様が見えるよ。
館太郎　：本当だ。教科書にのっていた②地層がすぐそこにあるね。
お父さん：さあ，つろう。朝の時間は魚がよくつれるから，急いでエサのエビをつけて。
館太郎　：今日は，エビを使うんだね。魚の大好物だもんね。でもこのエビは何を食べていたのかな。
お父さん：③陸上動物の食物連鎖の話はよく聞くけれど，水の中でもあるんだよ。
館太郎　：そうなんだ。帰ったら調べてみよう。魚を食べてしまう大きな生き物って何だろうな。
お父さん：ほら！大きな魚があそこに見える。エサの深さをウキで調節してごらん。
館太郎　：これぐらいの深さかな。見た感じだとこれでよい気がするけど。
お父さん：プールやお風呂で水中をのぞいたときのようすを思い出してごらん。④見た目よりも深くすることがコツなんだ。
館太郎　：そうか，わかった。確かにそうだね。
（しばらくして，館太郎のつりざおに大きな魚がかかる。）
館太郎　：キタキタ！重くて，つりざおが上に立てられないよ。
お父さん：つりざおの持つ位置を変えて！⑤もっと上の方を持って引くんだ。
館太郎　：本当だ，楽になった。軽い力でつりざおを立てられる。負けないぞー！
お父さん：その調子だ。がんばれ。おー，大きな魚がつれたね。
館太郎　：やったー！大物がつれたぞ！
お父さん：やったね。ところで，魚には肺がないんだよ。その代わりはどこか知っているかい。
館太郎　：うん。肺の代わりは，ここだよね。血液のめぐり方も人間とだいぶちがうよね。
お父さん：そうだね。心臓のつくりもちがうんだ。
館太郎　：水の中で生活する形になっているんだね。海の生き物のこと，色々勉強してみようっと。

問１　下線部①の月の形は，満潮の時刻に通常より水位が高くなるときの形でした。その月の形を，次の**A**～**D**から選び，記号で答えなさい。ただし，図の白い部分が見えている月の形を表しています。

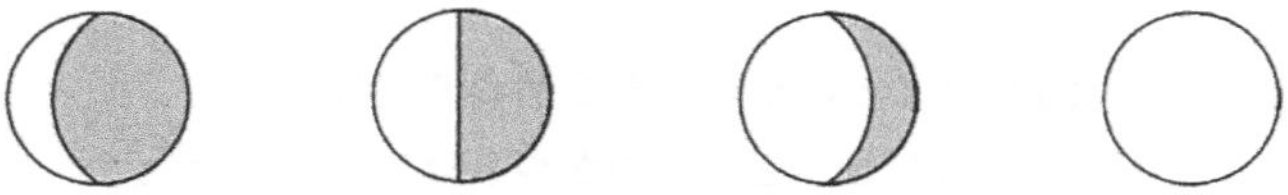

A　　B　　C　　D

問２　下線部②について，**図１**はつり場から見えたがけのようすを表したものです。図の**A**～**D**をできた年代の古い順に並べなさい。

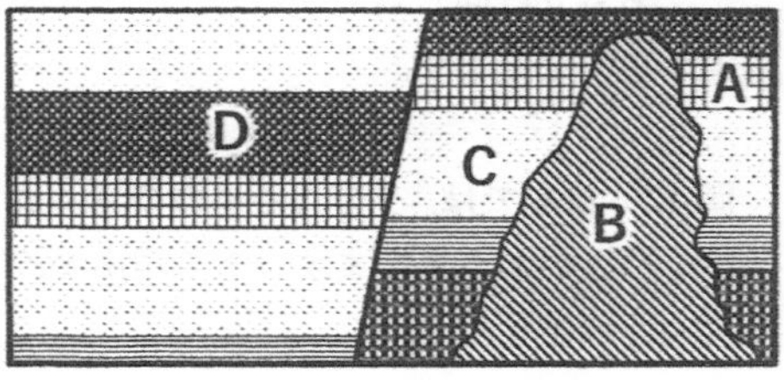

図１

問７　次の**ア〜オ**の文章から，誤った内容を含むものをすべて選び，記号で答えなさい。

ア　電流はかん電池の－極から出て，モーターなどを通りかん電池の＋極に入るように流れる。

イ　かん電池は，１つをつないだときより２つを直列につないだときの方が，大きい電流が流れる。

ウ　かん電池で動くモーターは，流れる電流の向きに関わらず回転する向きは変わらない。

エ　電流の大きさは，つながれた豆電球の明るさや，モーターの回る速さで調べることができる。

オ　回路をノートなどに書くときは，電気用図記号を用いると簡単に表すことができる。

問８　**図２**は，正方形の金属板の上にロウソクを５本立てて，×印のところを加熱したようすを表したものです。また，**図３**はロウソクを上から見た位置を表しています。３番目にとけ始めたロウソクを図の**ア〜オ**から選び，記号で答えなさい。ただし，**エ**は金属板の中心にあります。

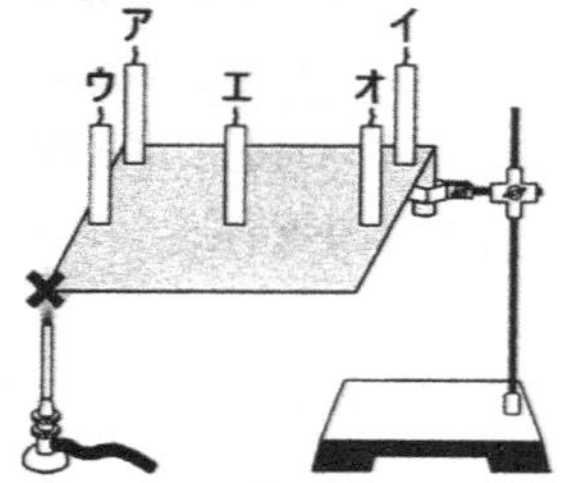

図２

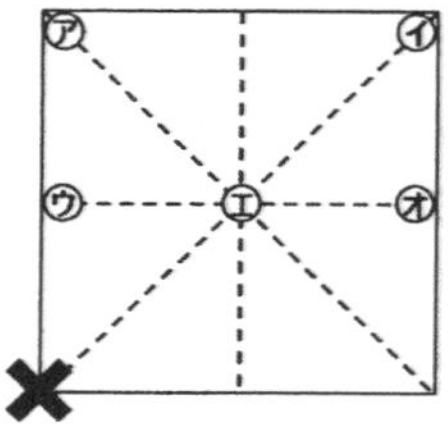

図３

問９　種子の発芽について調べるため，インゲンマメの種子を**A**〜**D**のビーカーに入れて，ようすを観察したところ，**B**だけが発芽しました。この実験を比較してわかる種子の発芽に必要な条件を２つ答えなさい。**表１**は，各ビーカーの条件を示しています。

表１

ビーカー	実験の条件
A	種子の半分がつかる位の水が入ったビーカーを，約5℃の暗いところに置く。
B	種子の半分がつかる位の水が入ったビーカーを，室温で暗いところに置く。
C	種子の全体がつかる位の水が入ったビーカーを，約5℃の暗いところに置く。
D	種子の全体がつかる位の水が入ったビーカーを，室温で暗いところに置く。

問10　**図４**は，45.0cm^3の水が入ったメスシリンダーに，23.8gのおもりを入れたときの水面付近のようすを示したものです。このおもりの1cm^3あたりのおもさは何gですか。

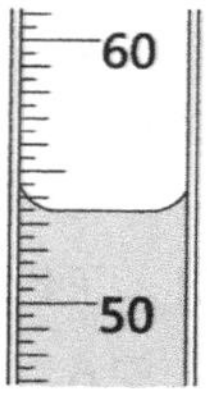

図４

問11　実験用てこについて，**図５**のようにおもりを２個つり下げるとき，右のうでの１か所だけにおもりをいくつかつり下げて，つりあわせる方法は全部で何通りありますか。ただし，すべてのおもりは同じおもさとし，また，右のうでに使えるおもりは３個までとします。

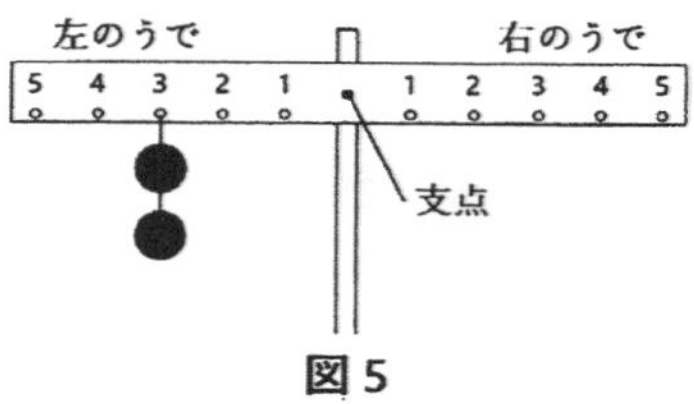

図５

問12　日本では，夕方ごろに西の空が赤色に色づく夕焼けが起こると，次の日の天気が晴れになりやすいといわれています。その理由を説明しなさい。

1 次の各問いに答えなさい。

問1　次の文中の(　①　)に入る語句を答えなさい。また，(　②　)内に入る天体名として適当なものを下の**ア**～**エ**から選び，記号で答えなさい。

2022年11月8日，月が地球のかげに入り込む皆既《かいき》(　①　)という現象が，日本の各地で観測されました。このとき同時に，(　②　)が月にかくれる現象も同時に観測されました。

ア　水星　　**イ**　金星　　**ウ**　木星　　**エ**　天王星

問2　幼虫で冬をこすこん虫を，次の**ア**～**エ**から選び，記号で答えなさい。

ア　モンシロチョウ　　**イ**　テントウムシ　　**ウ**　カブトムシ　　**エ**　カマキリ

問3　お湯をわかしているときに見える白い湯気は，どのような状態ですか。次の**ア**～**オ**から選び，記号で答えなさい。

ア　固体　　**イ**　固体と液体　　**ウ**　液体　　**エ**　液体と気体　　**オ**　気体

問4　川原で石をいくつか採取したところ，次の**A**～**C**のような特ちょうをもつ石の中から，化石が発見されました。これらの石を形づくるつぶをルーペなどで調べると，すべて丸みをおびていました。**C**の石の名前を答えなさい。

A　米つぶや豆つぶ程度の大きさの小石と，その間にある細かいつぶが固まってできている。

B　**A**の石より小さいつぶが固まってできている。つぶは，はっきり見ることができ，大きさはそろっている。

C　**B**の石より小さいつぶが固まってできている。けずると，粉のようになった。

問5　長さが50cm, ふれる角度が20°，おもりのおもさが40gのふりこがあります。このふりこより，1往復する時間が短いふりこを，次の**ア**～**カ**から選び，記号で答えなさい。

ア　長さが100cm，ふれる角度が20°，おもりのおもさが40gのふりこ

イ　長さが25cm，ふれる角度が20°，おもりのおもさが40gのふりこ

ウ　長さが50cm，ふれる角度が30°，おもりのおもさが40gのふりこ

エ　長さが50cm，ふれる角度が10°，おもりのおもさが40gのふりこ

オ　長さが50cm，ふれる角度が20°，おもりのおもさが80gのふりこ

カ　長さが50cm，ふれる角度が20°，おもりのおもさが20gのふりこ

問6　**図1**の**ア**～**エ**は，メダカの受精したあとの卵のようすをスケッチしたものです。変化する順に並べ，記号で答えなさい。

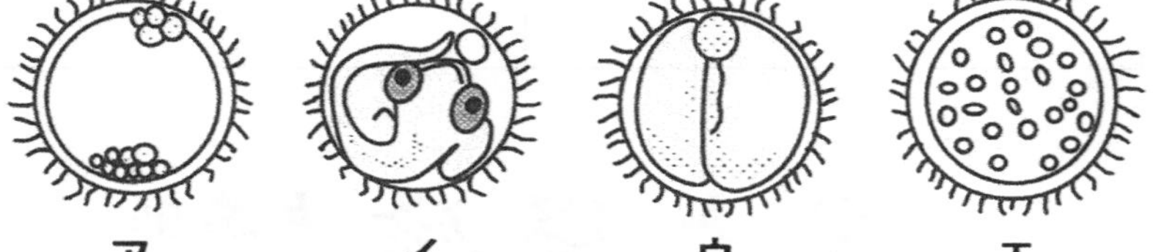

ア　　**イ**　　**ウ**　　**エ**

図1

2023年度志學館中等部入学試験問題

理　科

（40分）

【 受験上の注意 】

1．試験開始の合図があるまで,この問題冊子の中を見てはいけません。

2．解答は、この冊子の間にはさんである解答用紙の解答らんのわく内に収まるように全て記入しなさい。

3．この問題冊子と解答用紙には、受験番号・名前を必ず記入しなさい。

4．メモや計算は、問題冊子の余白を利用しなさい。

受験番号		名　前	

志學館 中等部 高等部

SHIGAKUKAN junior high school senior high school

2　$\dfrac{5}{49}$を計算して小数で表すことを考えます。次の問いに答えなさい。

(1)　小数第5位の数は何ですか。

(2)　2回目の1が出てくるのは小数第何位ですか。

(3)　4回目の奇数が出てくるのは小数第何位ですか。

(6)　下の図のような中心角が90°のおうぎ形をAQを折り目にして折り曲げると，点Oがおうぎ形の円周上の点Pと重なりました。このとき角あの大きさは何度ですか。

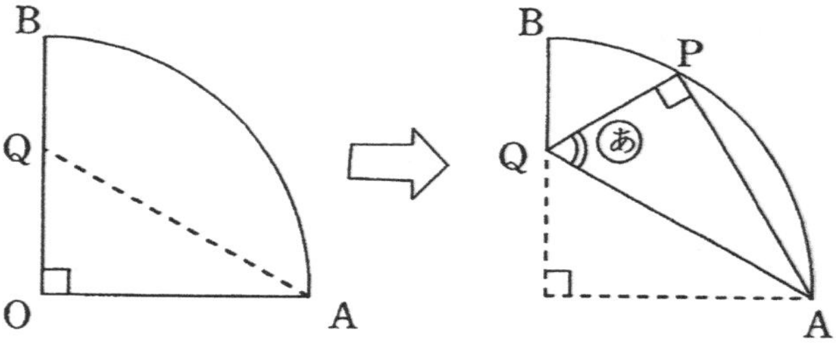

(7)　右の図は正方形と正三角形とおうぎ形を組み合わせています。

斜《しゃ》線部分の面積は何 cm^2 ですか。
ただし，円周率は3.14とします。

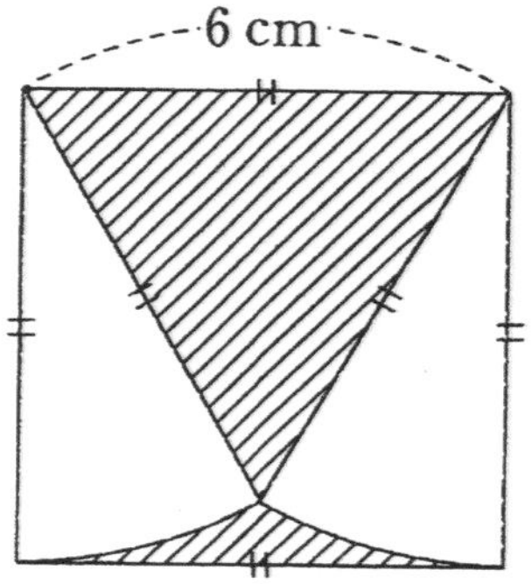

(8)　ある病原体の感染状況を調べる検査において，感染している人のうち感染していないと判断される人の割合は2％，感染していない人のうち感染していると判断される人の割合は1％でした。

全体の20％が感染している集団でこの検査を行いました。
感染していると判断された人のうち，感染している人の割合は何％ですか。
小数第2位を四捨五入して，小数第1位で答えなさい。

1 次の問いに答えなさい。

(1) 次の計算をしなさい。

(ア) $4+8-72\div9+1$

(イ) $0.7\times12+30\times1.2$

(ウ) $\frac{8}{9}\div1\frac{1}{3}\times\left(\frac{5}{2}-\frac{13}{6}\right)$

(2) 6の倍数の中で，12の倍数でも18の倍数でもない数を小さい方から並べたとき5番目の数は何ですか。

(3) あるグループに算数のテストを行ったところ，平均点が80点でした。このグループの男子の人数は8人で，その男子の平均点は72.5点でした。女子の平均点は84点でした。このグループの女子の人数は何人ですか。

(4) ある学級には37人の児童がいます。
イチゴを好きな児童が21人，リンゴを好きな児童が26人います。
イチゴもリンゴも好きな児童の人数は何人以上何人以下ですか。

(5) 5円玉3枚，10円玉3枚，100円玉2枚があります。これらの一部または全部を使って，おつりが出ないように支払うことができる金額は何通りありますか。

2023(R5) 志學館中等部
K 教英出版

2023年度志學館中等部入学試験問題

算数

（60分）

【 受験上の注意 】

１．試験開始の合図があるまで、この問題冊子の中を見てはいけません。

２．解答は、この冊子の間にはさんである解答用紙の解答らんのわく内に収まるように全て記入しなさい。

３．この問題冊子と解答用紙には、受験番号・名前を必ず記入しなさい。

４．メモや計算は、問題冊子の余白を利用しなさい。

受験番号		名　前	

志學館 中等部 高等部

SHIGAKUKAN junior high school senior high school

問七　傍線部⑤について、「この二つの意味するところ」の違いを説明した次の文の空欄に入る内容を（　Ａ　）は三十字以内、（　Ｂ　）は六十五字以内で答えなさい。

・（　Ａ　）。それに比べて（　Ｂ　）。

問八　傍線部⑥「『この人と付き合えて本当によかったな』という思いを込めて、人とつながることができるようになる」とあるが、あなたが人との関係を築いていく上で大切にしたいと思っていることは何か。その理由も含めて百字以内で答えなさい。

【二】　次の文章を読んで、後の問いに答えなさい。

うなずきながら、私はうれしかった。やはり*1亨《とおる》くんはとびきりの男の子だと確信できたし、そういった話を年下の私にきちんと説明してくれるところもよかった。

①亨くんのとびきりになりたい——空を飛ぶことと同じくらい、それは強く切ない願いになった。

けれど、彼《かれ》とそんなふうに自然に言葉をかわせたのも、私が小学校を卒業するまで。中学生になった私が、彼にたいする恋心《こいごころ》を論理的(!)に自覚したあとは、もうだめだった。

偶然《ぐうぜん》のコンビニの出会いは、相手が気づかぬうちに逃《に》げだした。頭のなかで何千回もリハーサルしたにもかかわらず(店でばったり→一緒《いっしょ》にお菓子《かし》を買う→公園で食べる、というささやかな設定だ)。通りのむこうから近づく笑顔には、ロボット歩きですれ違《ちが》う。かろうじて返す笑みは、がちがちの硬度《こうど》。ⓐセイフクのシャツの下は、ナイアガラなみのひや汗《あせ》。

亨くんは日ましに硬化する私の態度にはじめは驚《おどろ》き、かすかに傷ついて見えた(これは私の錯覚《さっかく》もある)。私の妄想《もうそう》のなかでは、亨くんは嘆《なげ》き哀《かな》しみ、私への真の気持ちに気づくはずだった。むろんこれも想像どまり。

じっさいの亨くんは、じきにそっけない私の態度に慣れた。同時に、前のようにあかるく話しかけてくることも、*2バンジョーを聞きにおいでと誘《さそ》ってくれることもなくなった。といって、無視されるわけでもない。

つまり私は、ただの隣人《りんじん》の立場になりさがったのだ。もうそれは、完璧《かんぺき》なほど。

私が自分の柵《さく》のなかをうろついている間に、彼はバイクの免許《めんきょ》をとり、高校を卒業し、大学生になった。*3ブルーグラスのサークルでバンジョーを弾《ひ》き、アルバイトに通い、ときどき高級そうなバッグを腕《うで》にかけた女子大生と歩いてる。大学生はいそがしい。

わかってる。そんな日々に、隣人《りんじん》からお誕生日状なんてとどいたら、誰《だれ》だっておどろくはず。ああ今、気づいた。カードは亨くんに見られたくないだけじゃない。あのさらさら髪《かみ》の女子大生にのぞかれ、「可愛いお隣さんね」なんて、微笑《ほほえ》まれたくないんだ。

ママがあたため直してくれたⓑユウハンを食べながら、私はそんなことを黙々《もくもく》と考えていた。

今日の晩ごはんは、ひじきとじゃがいもを甘《あま》く煮《に》たのと、ハンバーグのホワイトソースグラタン。パパの好物と、私がすきなものを組みあわせるせいで、わが家の食卓《しょくたく》はいつも和風とも洋風ともつかないものになる。書道教室のある日は、私ひとりだけ夕食が遅《おそ》くなるけれど、ママはなにげなく私と一緒にテーブルにつく。パパはテレビの前のソファに陣取《じんど》り、ときおり私たちの会話に口をはさむ。なごやかで平和な家族の日常風景。

「どうしたの、つばめ。今日はなんだかぼんやりしてない？」

箸《はし》がとまったままの私を、ママがのぞきこんで言う。

「そうかな？　体育のバスケにリキいれすぎちゃって、疲《つか》れたのかも」

「学校のあとにまた塾《じゅく》じゃ、きついんじゃない？　疲れたときはやすんじゃえば？」

「そんなわけにゃいかないよな。つばめから通わせてくれって言いだしたんだから」

パパが新聞から顔をあげ、こちらに顔をむけて笑った。

「あら、子どもにそんなこと義務みたく押《お》しつけちゃかわいそうよ。自分で言いだしたことは最後までまっとうすべきだなんて。大人だってむずかしいもの。ところでパパの早朝ジョギング宣言や、つばめの歴史の教科書をもう一度読み直すってあれ、どうなった？」

「う……まぁ、それはそのうちな」

②パパは口ごもると、さっさと新聞に目を戻《もど》した。私とママは、おかしげに目くばせしあった。ママはやさしい。いつだって、私の（　Ⅰ　）をもってくれる。

それって、私がママの実の子どもじゃないということとは、関係ないと思う。

ママは、家族はもちろん、道端《みちばた》の見知らぬひとや猫《ねこ》やバッタにだって思いやりと慈悲《じひ》をしめす人間なのだ。パパも気弱なところはあるけれど、根はやさしく、男のくせに涙《なみだ》もろい。私たちは、家族としてとてもうまくいっている。

③だけど知っている。それは、私たちのひそやかな努力のたまものでもあるのだ。

おたがいを思いやり、平凡《へいぼん》な家族の時間こそを、たいせつにすること。離婚《りこん》して再婚する家庭なんて今はどこにでもあるのに。きまじめなパパと慎《つつし》み深いママは、そのことにⒸキオいを感じているふしがある。

私がたいした反抗期《はんこうき》もなく育ってしまったのは、（　Ⅱ　）をとりあい楽しげにがんばるふたりが、なんだかけなげで可愛かったからだ。

親を可愛いと思うなんて少しへんだけど、守られたものをこわすのは私も得意じゃない。そんなとき、私は確かに、母親よりも父親の気質をうけついでいるのだと思う。

「平気。書道なんて体力つかうもんでもないしね。飽《あ》きたらやめるかもしれないけど、今のとこは楽しいよ。学校の友だちには、ばばくさーって笑われるけどさ」

「ママはだめだわぁ、筆ペンでさえ使うの苦手なのよね。けど、いまどきの子にしちゃめずらしい趣味《しゅみ》よねぇ。④駅前の教室に通わせてくれって言ってきたときはびっくりしたもの」

「小学校のお習字の先生が面白かったからね。ちょっとやってみたかったんだ」

ママはへぇ、と感心したようにうなずく。うそ。習字の時間は理科の次にきらいだった。パパは黙《だま》ったままだ。スポーツ欄《らん》に熱中しているふり。

でも私は、気づいていた。

パパがひやひやしながら会話に耳をかたむけていること。とうに別れた(パパが捨てられた)妻と同じ趣味をもつ娘《むすめ》。パパの話では、私を産んだ母親はけっこう名の知れたショカ(書家と書くことも、そんなしょくぎょうがあることもそれまで知らなかった)で、最近は水墨《すいぼく》画家としても活躍《かつやく》しているのだそうだ。

母親の話をするとき、パパの頬《ほお》はわずかにⓓコウチョウする。ママには内緒だぞ。そう声をひそめるパパは、父親として、ちょっぴり下世話なところがある。娘とひみつを共有する楽しみを、ひそかに味わいたいタイプなのだ。

書道への関心などまるでなかった時点で、両親にたのんで教室に通わせてもらうことにした。はじめは墨一色で何かを書くのは退屈に思えたし、墨をするだの筆の手入れだの準備もかったるいなぁ、と気おくれした。それでも知りたかったのだ。

実の母親が夢中になったことが何なのか。もちろん書道や水墨画のせいで母親が私とパパを置いて家を出たわけじゃないのは、明白だ。彼女《かのじょ》はほかのひとに「恋《こい》をした」から家を出た。そのこともパパのうちあけ話できいている。うわきじゃなく恋だとパパは言った。

ママは、実母と同じ分野に娘が興味をしめしたからといって、哀《かな》しむことはないはずだ。やっぱり血かしらねぇ。そうまじめに感心したりするだろう。⑤ママには自信があるのだ。

私を三歳《さい》から育てたという絶大な自信。ただ私が、母親への興味だけで書道をはじめたと知ったら、ちょっぴり傷つくかもしれない。だから私もパパも言いだせないでいるのだ。

ママもパパも私をⓔソンチョウしてくれている。他の友だちの親のように、必要以上のことをとやかく言ったりもしない。私もふたりが大すきなのに、どうして長いあいだ一緒にいると居心地わるくなるんだろう。胸のあたりがもやもやうずいてくるんだろう。

家族のだんらん図が織られた*4タペストリー。私たち家族は気づかい、いたわりあいながら、それを織っているように思える。爪《つめ》をたてて、ほころばせたりしないよう気をつけて。ていねいに。

私はときどき、いっけん愉快《ゆかい》なその共同作業に疲れてしまうのかもしれない。

興味本位ではじめた書道教室も今は、わりあい気に入ってる。というより、ほかに気に入るものなんてないのだ。あかるい蛍光灯に照らされたこの家も、友だちと１０９のギャル系ショップをハシゴしてからパフェを食べるのも、はしゃいで撮《と》るプリクラも。どうってことない。そこそこの人生のそこそこ上手な*5モノクロ水墨画の一部みたい。そこそこって便利な言葉。そして、ちょっとさびしい。高校生や大学生になったら、変わるのかな。

亨くんや顔も知らない母親のように、⑥自分だけのとびきりを見つけられるのかな。

食器を片付け終わると、宿題があるからと、早々に自分の部屋にひきあげた。

普段《ふだん》は、居間で家族だんらんにくわわる時間は十時までときめている。娘としての義務はマットウしなくちゃならない。でも、ときおりこんなふうに息苦しくなってしまうのだ。

（野中ともそ「宇宙でいちばんあかるい屋根」（『14歳の本棚　青春小説傑作選　―家族兄弟編―』所収）新潮文庫より）

*1亨くん……「私」の隣に住んでいる片思いの大学生　*2バンジョー……アメリカで生まれた弦楽器

*3ブルーグラス……電気を使わない楽器で構成されたアメリカ生まれの音楽

*4タペストリー……壁掛けなどに使われる室内装飾用の織物　*5モノクロ……単色、白黒

問一　傍線部ⓐ～ⓔについて、それぞれ漢字に直して書きなさい。

問二　空欄Ⅰ・Ⅱに入る身体の一部を表す言葉として最も適切なものをそれぞれ次の中から選び、記号で答えなさい。

ア　鼻　　イ　手　　ウ　口　　エ　耳　　オ　肩　　カ　足

問三　傍線部①「亨くんのとびきりになりたい」とあるが、実際の自分を表している表現を本文中から五字で抜き出して答えなさい。

問四　傍線部②「パパは口ごもると、さっさと新聞に目を戻した。」について、その理由を説明した次の文の空欄を埋めなさい。（　Ａ　）は本文中から二十五字以内で抜き出し、（　Ｂ　）は十五字以内で答えなさい。

・娘には（　Ａ　）ということを求めながら、（　Ｂ　）を指摘されてきまり悪かったから。

問五　傍線部③「だけど知っている」とあるが、どのようなことを知っているのか。五十字以内で答えなさい。

問六　傍線部④「駅前の教室に通わせてくれって言ってきた」とあるが、「私」が書道教室に通い始めた本当の理由は何か。二十五字以内で答えなさい。

問七　傍線部⑤「ママには自信があるのだ。」とあるが、それはママのどういう様子を表したものか。六十字以内で答えなさい。

問八　傍線部⑥「自分だけのとびきりを見つけられるのかな」とあるが、そのように思う「私」の気持ちとして最も適切なもの次の中から選び、記号で答えなさい。

ア　親を安心させるために好きでもない塾に通ったり、家族だんらんのために無理して時間を共有したりすることに飽きているため、早く親から自立して自分だけの世界を探し求めようと思っている。

イ　幼い頃、自分から離れていってしまった実母が取り組んでいた書道の魅力《みりょく》を自分もまた追い求め、まだ見ぬ秘められた自分だけの世界を探し求めようとしている。

ウ　たがいを必要以上に気づかい、いたわり合いながら家族という絆《きずな》をつくりあげていることに疲れてしまい、そのしがらみから解き放ってくれる自分だけの世界を探し求めようとしている。

エ　中学生であるために、友だちとパフェを食べたり、プリクラを撮ったりすることに気をつかっている今の状態を脱して、早く高校生や大学生になり自分だけの世界を探し求めようと思っている。

2022年度志學館中等部入学試験問題

国　語

（60分）

【 受験上の注意 】

1．試験開始の合図があるまで,この問題冊子の中を見てはいけません。

2．解答は、この冊子の間にはさんである解答用紙の解答欄の枠内に収まるように全て記入しなさい。

3．この問題冊子と解答用紙には、受験番号・名前を必ず記入しなさい。

4．字数制限のあるものは、原則として句読点「　」も一字に数えます。（指示のあるものは除く。）

5．メモは、問題冊子の余白を利用しなさい。

受験番号		名　前	

志學館 中等部 高等部

SHIGAKUKAN junior high school senior high school

【一】次の文章を読んで、後の問いに答えなさい。

まず、次のような①単語暗記の実験をしてみましょう。これはドイツの心理学者エビングハウスが、百年以上も前におこなった有名な実験です。

次の三文字単語を覚えて下さい。

（いるめ）（くとし）（かでさ）（たとは）（すとえ）

（おえね）（むたら）（かふわ）（けんよ）（みまそ）

まったく無意味な単語が十個並んでいますが、真剣に覚えてください。単語を思い出すテストをします。

暗記するときに注意してほしいことが二つあります。第一点は、（　Ａ　）合わせなどを使わず、そっくりそのままを「丸暗記」するということ。第二点は、覚えたあと、テストまでの間に絶対に復習してはならないということです。これは「忘却《ぼうきゃく》」のテストです。この約束を守らないと、「忘却」の実体が見えてきません。

さて、皆さんは、いま覚えた十個の単語を、この後どのくらい長く覚えていられるでしょうか。「私はこういう暗記が苦手なんだよな」とか「でも記憶力のいい人は、きっと楽に長時間覚えていられるんだろうな」とか、そんなことを考える皆さんもいるでしょう。

（　Ｂ　）、テストをしてみると、単語を忘れる速度は人によって違わないことがわかります。個人差はありません。誰でもだいたい同じように忘れていきます。しかも忘れることは、意識ではコントロールできません。どんなに⒜祈っても、いつかは忘れてしまいますし、逆に、早く忘れようと念じても、すんなりと忘れることはできないでしょう。

このテストで、単語がどのようなスピードで忘れられていくかを調べたグラフは「忘却曲線」と呼ばれています。一般的な結果を図に示しました。

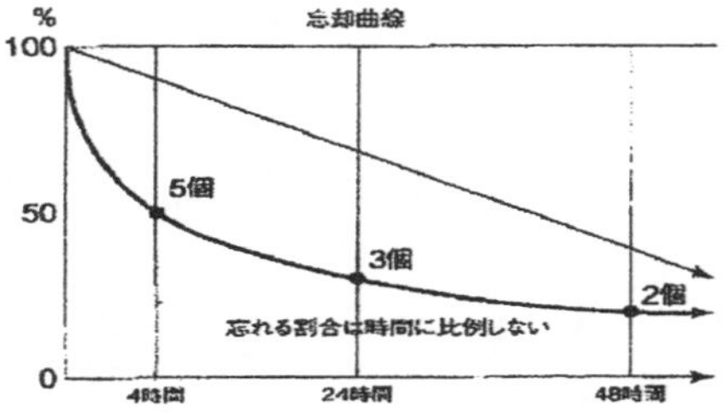

グラフをよく見てください。直線関数ではありません。忘れるスピードは一定ではないのです。

（　②　）はじめの四時間で一気に半分くらいを忘れてしまいます。けれどもその後は、残った記憶がわりと長持ちし、少しずつ減っていきます。そんな傾向が曲線グラフから読み取れます。

先のテストの平均的な成績から言いますと、四時間後には暗記した十個の単語のうち、五個程度しか思い出せなくなっているはずです。（　③　）二十四時間後にテストを行ってみると、覚えている数は三から四個であるのが普通です。四十八時間後では二から三個くらいです。

ということは、テストの直前に切羽《せっぱ》詰まってしまったら、前日のⓑシンヤにがんばって暗記するよりも、試験の日の朝、早起きして詰めこんだ方が、テストの時間までより記憶の持ちがよいということになります。忘却曲線にしたがえば、テストが始まるまえ四時間以内でないと半分以上を忘れてしまうことが分かります。

ただし私は、テスト直前の知識の詰めこみは推奨《すいしょう》しません。その理由はあとで説明しましょう。

（　Ｃ　）、皆さんの成績はどうでしたか。こうしたテストはⓒゲンミツに行うのは難しいので、もしかしたら少し違う結果が出たかもしれません。もし、この忘却曲線よりも成績が良かったら、それはきっと丸暗記で記憶していなかったか、もしくは覚えた単語が、あなたにとって何か特別な意味を持つ単語だった可能性があります。このテストはあくまでも無意味な単語に対する丸暗記の効果をみる実験ですから。

逆に、もし成績が悪かったとしたら、それははじめからきちんと覚えていなかっただけか、もしくは記憶の干渉の結果だと思われます。記憶の干渉については、これから詳しく解説します。いずれにしてもここでは、忘れることには個人差がないことを覚えておきましょう。

忘れるスピードは、人によって違ったり、意識によって変わったりはしないことはすでに説明しました。しかし、だからといって、どんな条件でも忘れるスピードは不変かというと、もちろんそうではありません。もし不変だとしたら、人によって記憶力は変わらないはずですし、学校の成績にも差が出るはずがありません。

そこでまず、忘却が早まってしまう場合から説明しましょう。どういうことをすると記憶がより早く消えてしまうのかということです。それを知れば、皆さんの勉強にとって大いに役立つⓓジョウホウが得られることでしょう。

忘れるのが早まる効果がもっともはっきり現れるのは、新しい記憶を追加することです。要するに知識を無理に詰めこむのです。（　Ｄ　）、皆さんは先ほど十個の単語を覚えました。そこで新たに、たとえば先の単語を覚えてから一時間後に、さらに次の単語を十個覚えてみましょう。

（とがま）（もいく）（かまし）（ぎんも）（こはと）

（もそん）（しすぜ）（そひい）（でみは）（さくて）

もちろん、今回もしっかりと暗記してください。

そして今から三時間後に、はじめに覚えた単語十個を思い出してみましょう。どうでしょう。何個覚えていられましたか。きっと、一個か二個程度だと思います。

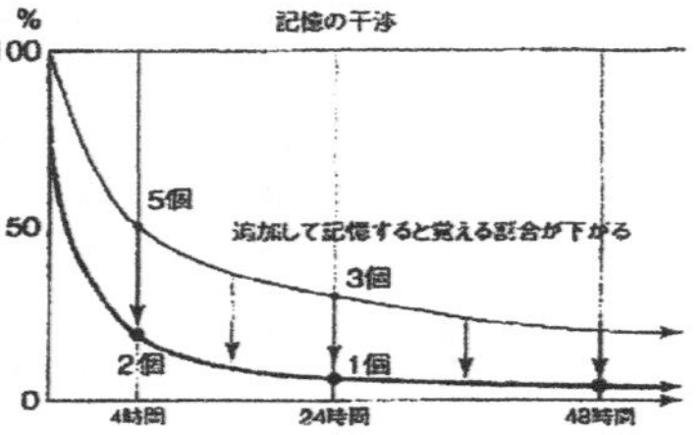

つまり、必要以上に記憶を詰めこむと、覚えが悪くなってしまうのです。一度に覚えられる量には限度があります。

もちろんこれと同時に、ついさっき覚えた新しい方の単語の記憶も妨げられているはずです。後から追加した十個の単語を、実際に四時間後に思い出してみれば分かると思います。思い出せる単語数は五個以下でしょう。

このように新しい記憶と古い記憶が影響を与え合ってしまう相互作用のことを「（　④　）」と呼びます。

一つひとつの記憶は、お互いに関与せず完全に独立しているのではありません。むしろ関連し合い、影響し合っています。あるときにお互いを排除したり、またあるときに、お互いを結びつけて、高め合ったりしているのです。

だから間違った覚え方、たとえば不用意に大量の知識を詰めこむと、記憶が消えてしまったり、ときには記憶が混乱し曖昧《あいまい》になったりして、勘違《かんちが》いなどを起こす原因になります。

たとえば古文の授業で、先生が「百人一首を明日までに全部覚えて来なさい。テストを行います」といった無謀《むぼう》なⓔカダイを出したとします。こんなときに、無理に徹夜して百個全部を覚えようと努力するより、着実に三十個だけ覚えた方がいい点数が得られます。三十個しか勉強しないとは、なんともズルい戦略ですが、しかし実際には、時間的にも体力的にも精神的にも理に適った作戦なのです。こんな理不尽な要求が出されたときは、徹夜で強引に脳に詰めこもうと試みるのは、健康上の理由からも、やめておくのが無難です。

もちろんテスト前だけでなく、ふだんの勉強でも同じことが言えます。⑤一日のうちに、新しい知識をあまりにもたくさん詰めこむのは避けましょう。そもそも勉強は「復習」に主眼を置くべきです。復習の大切さについては、またあとで説明します。とにかく、覚えられる範囲をストレスなく覚える。これが記憶の性質に適った学習方法です。

さて、そろそろ分かってもらえるころだと思います。そうです。勉強には脳の性質に沿ったよい方法と、脳の性質に逆らった悪い方法があるのです。脳の性質を無視した無謀な勉強は、時間のムダであるばかりではありません。場合によっては逆効果になります。そんな勉強なら、いっそのことしない方がまだマシです。

どれだけ勉強したかは大切な要素ではありますが、勉強の量だけで成績が決まるのではありません。⑥それ以上に大切なことは、いかに勉強をするかという質の問題です。勉強の仕方しだいで結果は大きく変わります。

（池谷裕二『受験脳の作り方』新潮文庫刊より）

問一　傍線部ⓐ～ⓔについて、漢字は読みをひらがなで、カタカナは漢字に直して書きなさい。

問二　空欄Aに入る適切な言葉を次の中から選び、記号で答えなさい。

ア　数　　イ　背中　　ウ　文字　　エ　語呂　　オ　詰め

問三　空欄B～Dに入る言葉として適切なものを次の中からそれぞれ選び、記号で答えなさい。

ア　また　　イ　たとえば　　ウ　しかし　　エ　さて　　オ　このため

問四　傍線部①「単語暗記の実験」について、筆者は最初の実験からわかることを三つ述べているが、それはどのようなことか。それぞれ十五字以上、二十五字以内で答えなさい。

問五　空欄②・③に入る適切な文を次の中からそれぞれ選び、記号で答えなさい。

（　②　）

ア　覚えた直後がもっとも忘れやすいことが分かります。　　イ　覚えた直後から少しずつ忘れていくのが分かります。

ウ　覚えた後、二十四時間で七割忘れていることが分かります。　　エ　覚えた後、四時間は忘れにくいことが分かります。

（　③　）

ア　そのあとは忘れる速度が一定になります。　　イ　そのあとは忘れる速度が不規則になります。

ウ　そのあとは忘れる速度が速くなります。　　エ　そのあとは忘れる速度が遅くなります。

問六　空欄④に入る言葉を本文中から五字で抜き出して答えなさい。

問七　傍線部⑤「一日のうちに、新しい知識をあまりにもたくさん詰めこむのは避けましょう」とあるが、それはなぜか。「記憶の性質」をふまえて、九十字程度で答えなさい。

問八　傍線部⑥「それ以上に大切なことは、いかに勉強をするかという質の問題です」とあるが、あなたが受験勉強をした際に工夫したことはなにか。傍線部⑥の内容をふまえたうえで、六十字以内で具体的に答えなさい。

【二】次の文章Ａ・Ｂはともに小学五年生の風香《ふうか》と瑠雨《るう》の関わりを描いた物語の一節である。これを読んで、後の問いに答えなさい。

Ａ

「瑠雨ちゃん」

思いきって、さそった。

「今日、うちに遊びにこない？」

五時限目のあと、音楽室から教室へ移動しているときだった。

瑠雨ちゃんはしゃべらないけど、うたう。授業中にみんなで「まっかな秋」をⓐガッショウしていたとき、瑠雨ちゃんの口がうっすら動いているのを見たわたしは、その新しい発見にこうふんして、①いますぐ作戦を決行したくなってしまったのだった。

早まったかな、と思ったときには、おそかった。

②ろうかのとちゅうで立ちどまった瑠雨ちゃんは、ぽかんとした目でわたしをながめ、せいだいにまつげをふるわせた。

「ええっと……あ、あのね、じつは、瑠雨ちゃんにお願いがあって」

いまさらあとへは引けない。わたしは気合いを入れて続けた。

「できれば、瑠雨ちゃんに、ターちゃん……うちのおじいちゃんの謡曲《ようきょく》をきいてもらいたいの」

しーん。

瑠雨ちゃんのまつげがはためく音がきこえてきそうな静けさ。

「話せば長くなるんだけどね、うちのおじいちゃん、町内会の謡曲ⓑアイコウ会に入ってて、毎日、うちでも大声で練習してるの。それがとんでもなくへたくそで、うるさくて、わたしもママもほんっと参ってるの。公害レベルでひどいの。なのに、本人は謡曲の才能があるってかんちがいしてて、やればのびるって言いはるの。ないないってわたしとママがいくら言っても、おまえらになにがわかるんだって、ぜんぜんきいてくれないの。で、よかったら、瑠雨ちゃんの天才の……じゃなくて、そのⓒキャッカン的な耳でおじいちゃんの謡曲をきいてもらって、感想を教えてもらえたらって……」

ターちゃんの謡曲。マジでこまっているせいか、しゃべりだしたら止まらなくなって、わたしはひと息にまくしたてた。

「瑠雨ちゃんの意見だったら、ターちゃんもすなおにきいて、目をさましてくれるかもしれないし」

瑠雨ちゃんをうちにまねいたら、一気に距離がちぢまって、ぐんと仲よくなれるかもしれない。ついでに、瑠雨ちゃんがターちゃんの謡曲を「才能なし」ってⓓハンテイしてくれて、ターちゃんが自信をなくしてうたわなくなったら、［③］だ。

そんなよくばりな作戦だったのだけど、瑠雨ちゃんのまばたきはいっこうにおさまるところをしらない。

その正直なこまり顔をながめているうちに、私の頭はどんどん冷えていった。

やっぱり、むりか。それもそうか。しゃべったこともない（いつも相手から一方的にしゃべりかけてくるだけの）クラスメイトから、きゅうに遊びにこいとか、おじいちゃんの謡曲をきけとか言われたら、瑠雨ちゃんじゃなくてもだまりこんじゃうか。

「わかった。いいよ、いいよ。ごめんね」

人にしつこくないこと。最近それを心がけているわたしは、ⓔイサギヨく引きさがることにした。

「ダメもとで言ってみたんだけど、やっぱり、へんだよね。わすれて、おじいちゃんの謡曲のことは」

おろかな作戦を立ててしまった。そう思ったらむしょうにはずかしくなって、耳までじわっと熱くなった。

④赤い顔をふせ、瑠雨ちゃんから逃げるように足をふみだす。

そのわたしをなにかが引きとめた。

せなかのあたりに、へんな感触。ふりむくと、瑠雨ちゃんの細っこい指が、わたしのスウェットのわきばらのあたりをつまんでいた。

「瑠雨ちゃん……？」

＊　計算用紙

5

図1のように，高さ4.5 mの街灯《がいとう》ABが水平な地面に垂直に立っており，そのそばに身長1 m 50 cmの志朗君が立っています。街灯ABには，一番上の点Aに電球がついており，そこからのみ光が出ています。

図1

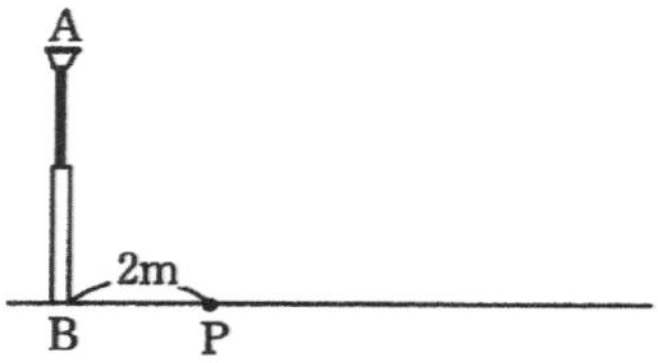

(1) 街灯の真下Bから，2 m離《はな》れた地点Pに志朗君が立っています。このとき，志朗君の影《かげ》の長さは何 mですか。

図2

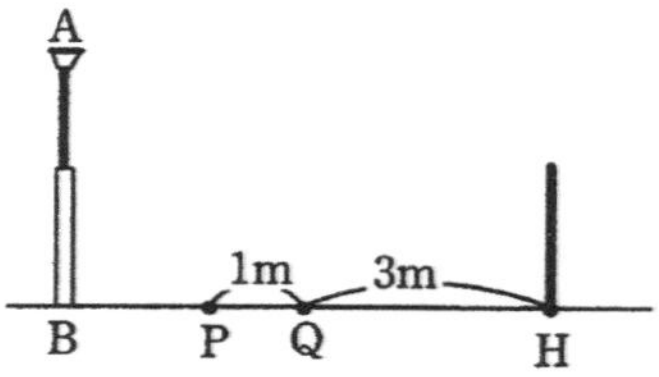

(2) 地点Pのところに立っていた志朗君が街灯から遠ざかるように，図2のQの位置まで1 m歩きました。このとき，志朗君の影の長さは何 mになりましたか。

(3) Qの位置に立っていた志朗君が，街灯から遠ざかるようにさらに歩きました。図2のようにQから3 mの位置Hには塀《へい》があり，塀に映った影の高さが90 cmになったとき，志朗君はQから何 m歩きましたか。

図3

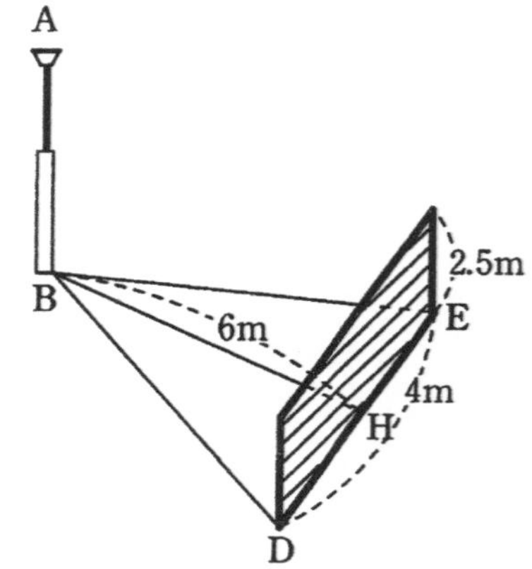

(4) 志朗君の影が映った塀は図3のように，高さが2.5 m，幅《はば》が4 mです。これを真上から見た図が図4です。このとき，地面に映った塀の影の面積は何 m^{2}ですか。
ただし，塀の厚さは考えないものとします。

図4

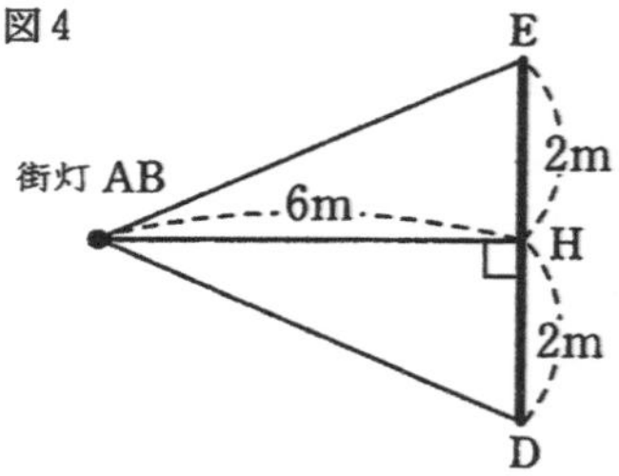

4 太郎君は下り坂を上り坂の1.5倍の速さで歩きます。太郎君は家を9時ちょうどに出発し，おじいさんの家に行きました。途中《とちゅう》，お茶を買うためにコンビニAに5分間立ち寄りました。家からコンビニAまでは上り坂で，コンビニAからおじいさんの家までは下り坂です。また，家からコンビニAまでの道のりとコンビニAからおじいさんの家までの道のりの比は5：3です。太郎君がおじいさんの家に着いたのは10時15分でした。

(1) 太郎君がコンビニAに着いた時刻は何時何分ですか。

太郎君はおじいさんの家に着いて5分後に同じ道を通って，コンビニAに向かいました。おじいさんの家から600 m歩いたところで忘れ物に気づき，おじいさんの家に引き返し，すぐにコンビニAへと向かいました。
コンビニAに着いたのは11時10分でした。

(2) おじいさんの家からコンビニAへの道のりは何mですか。

コンビニAに着いた太郎君はアイスクリームを買って，11時15分に家に向けて出発しました。帰りが遅《おそ》いので心配したお父さんは，11時19分にバイクでコンビニAに向かいました。すると，11時23分に太郎君とお父さんは出会いました。

(3) お父さんの乗ったバイクがコンビニAに向かった速さは時速何kmですか。

3　カードを何枚か準備して，A 君と B 君で次のようなゲームをします。

・A君，B君，A君，B君，A君，…　という順番で交代しながらカードをとる。 ・カードをとるときは，1回につき1枚以上4枚以下のカードをとる。 ・最後にカードをとった方を負けにする。

ただし，カードは5枚以上準備します。

(1)　カードが6枚で，A 君が1回目に2枚とったとき，B 君が勝つには B 君は何枚とればいいですか。

(2)　1回目に A 君が2枚，2回目に B 君が3枚，3回目に A 君が4枚とるカードのとり方を（234）と書くことにします。

カードが7枚のとき，3回目に A 君が1枚とって負けるカードのとり方をすべて書きなさい。

(3)　カードが10枚のとき，A 君が必ず勝つためには1回目に A 君が何枚とればいいですか。

(4)　カードが52枚のとき，A 君が必ず勝つ方法があります。それは A 君が1回目に何枚とり，その後 A 君がどのようにカードをとっていく方法ですか。

(5)　A 君が必ず勝てるのは，準備したカードの枚数が次の**ア**～**オ**のどの枚数のときですか。あてはまるものをすべて記号で書きなさい。

ア　2022枚　　**イ**　2023枚　　**ウ**　2024枚　　**エ**　2025枚　　**オ**　2026枚

問２　**図３**は自転車のペダルと後輪部分のようすを示しています。図のように、ペダルに 36kg 分の力を加えるとき、車輪は地面を何 kg 分の力でおしますか。

図３

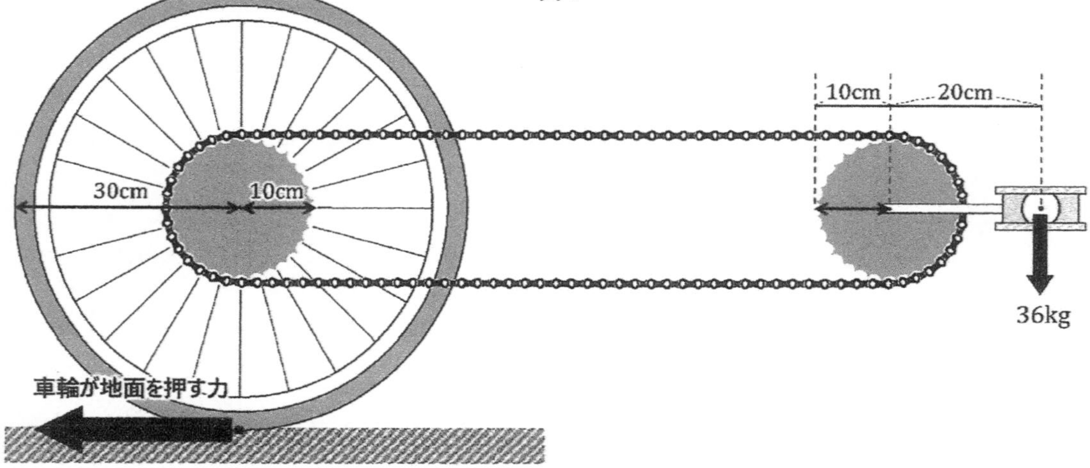

問３　**図４**のてんびんがつりあっているとき、次の問いに答えなさい。

（１）手にかかるおもさは何 g ですか。

（２）**F** は何 cm ですか。

図４

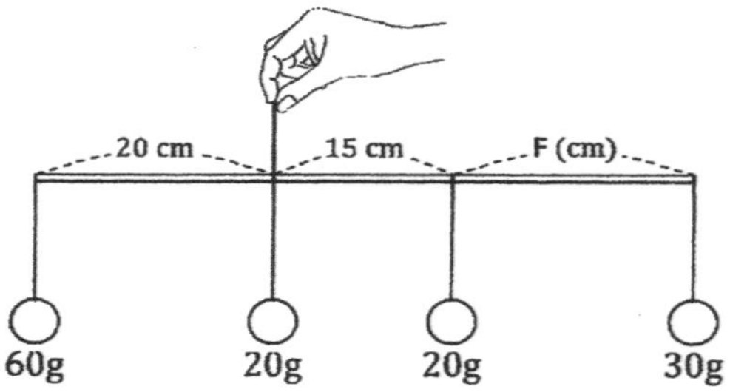

問４　**図５**のてんびんがつりあっているとき、**G～K** にはそれぞれ何 g のおもりがありますか。
ただし、**G～K** には 25g、30g、40g、45g、60g のおもりを１個ずつ使っています。

図５

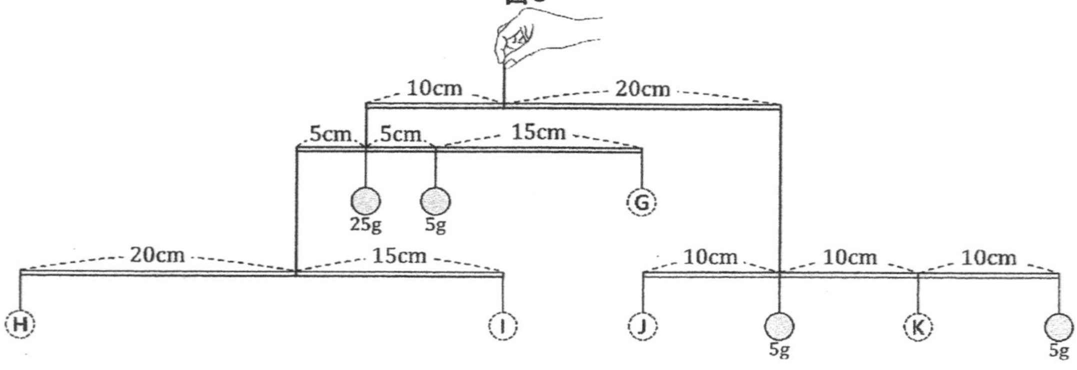

3 下の説明文を読んで、各問いに答えなさい。ただし、棒はとても軽くおもさを考えないものとします。

加える力の大きさと何かを動かすために必要な力の大きさを調整するときに、「てこの原理」というものが利用されることがあります。例えば自転車の場合、ペダルの付いているじくの長さやギアの半径、車輪の半径などが力の関係に大きくかかわっています。これは**図1**のようなてんびんを用いて説明することができます。まず、回転する物体（この場合、棒）を支える回転の中心の点を「支点」といいます。次に、その支点から、力のはたらく点までの長さを「うでの長さ」といいます。うでの長さと力の大きさが、物体の回転に大きく関係します。**図1**では、反時計回りに棒を回転させる力は、おもり**A**のおもさです。また、時計回りに回転させる力は、おもり**B**のおもさです。この棒がつりあって止まっているなら、うでの長さ**a**、**b**も関係し、下の**関係式1**が成り立っています。同様に、もし**B**側に、3つめのおもり**C**をうでの長さc(cm)でつるせば、**関係式2**が成り立つとき、棒はつりあっていることになります。また、**図1**で支点を支える糸には、A(g)＋B(g)のおもさがかかっていることになります。

図1

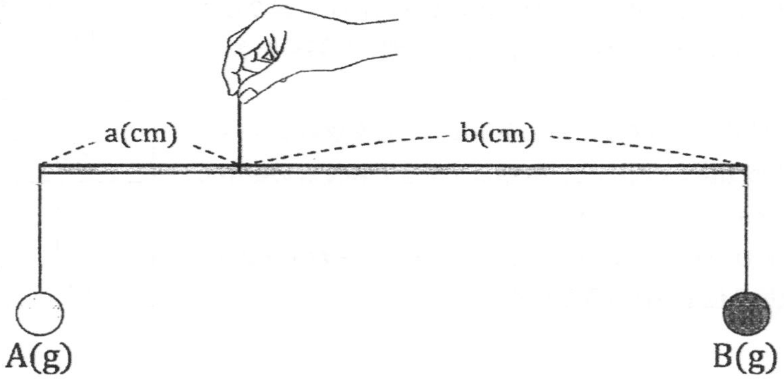

関係式1：A(g) × a(cm) = B(g) × b(cm)

関係式2：A(g) × a(cm) = B(g) × b(cm) + C(g) × c(cm)

※ただし、おもり**C**はおもり**B**側にある場合

問1 **図2**は、輪じくと呼ばれる半径のことなる2つの滑車《かっしゃ》がくっついたものです。半径が20cmの滑車にはロープ**D**が巻いてあり、半径が12cmの滑車にはロープ**E**が巻いてあります。ロープ**D**を左に引くと、くっついた2つの滑車は一緒に回り、ロープ**E**で重い荷物を引き上げることができます。ロープ**E**につけた60kgの荷物を持ち上げるとき、ロープ**D**は何kgの力で引けばよいですか。

図2

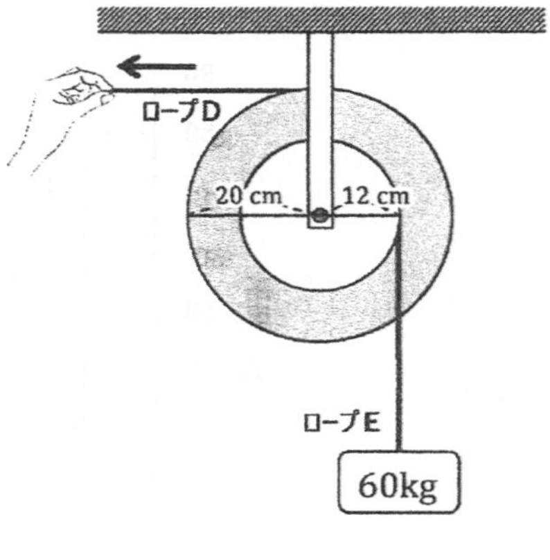

問4　下線部④について、トマトの実をあまくするために、水をあたえないようにするのは、実の中の水を少なくするためです。トマトの実のあまさを調べる方法として、トマトを砂糖水に入れてみるという方法があります。そこでカンタはトマトのあまさを調べるため次のような実験をしました。

【実験】

❶　3%の砂糖水を500gつくる。

❷　**A**〜**E**のトマトをその砂糖水の中に入れる。

❸　砂糖水に砂糖を加えて、砂糖水を濃《こ》くしていく。

❹　トマトが浮き上がるときの砂糖水の濃さを記録する。

表1

トマト	濃さ［%］
A	5.2
B	4.5
C	3.6
D	7.3
E	6.4

実験の結果を、**表1**にまとめました。また、くだもののあまさを調べる道具として、糖度計《とうどけい》というものがあります。トマトが浮《う》くときの砂糖水の濃さと、糖度計の数字の間には**表2**のような関係があることがわかっています。次の問いに答えなさい。

表2

砂糖水の濃さ［%］	糖度計の数字
2.0	1.8
3.0	2.7
5.0	4.5
8.0	7.2
10.0	9.0

（1）❶の砂糖水をつくるために必要な水の量を求めなさい。

（2）**表2**の関係をつかって、砂糖水の濃さと糖度計の数字の関係を示すグラフをかきなさい。

（3）トマト**D**を糖度計で調べたときに表示される数字を求め、小数第2位を四捨五入して答えなさい。

問5　下線部⑤について、カンタたちが自宅を出発したとき、太陽はちょうど真東の方角にありました。そして、自宅に帰り着いたときの太陽は真南から西に30°ずれた方角にありました。**図1**はその日の太陽の動きを表したもので、点は各時刻を示します。この図から、カンタたちが自宅を出発してから帰り着くまでの時間はおおよそ何時間だったと考えられますか。

図1

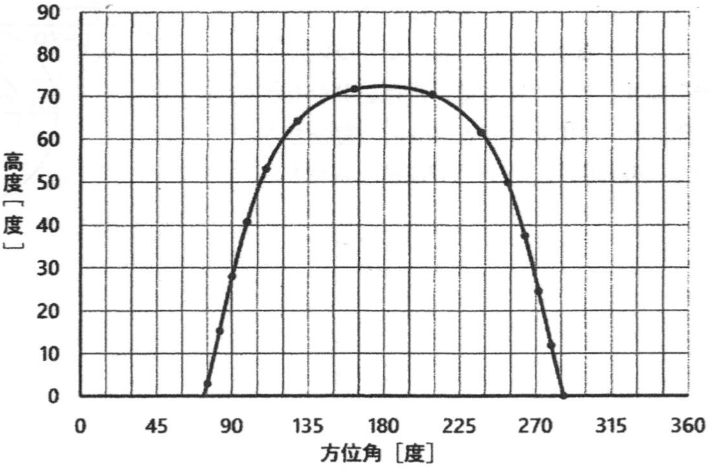

問8　下線部⑥について、現在、南アメリカの国では、多くの人がスペイン語やポルトガル語を使っています。その理由を、カード**E**の文から読み取り、解答欄に従って25字以内で答えなさい。

問9　下線部⑦について、これに関わりのある文として誤りのあるものを次の**ア**～**エ**のうちから1つ選んで、記号で答えなさい。

ア　フランシスコ・ザビエルが来日し、キリスト教を伝えた。
イ　鉄砲が伝えられ、戦国大名の戦い方が変化した。
ウ　九州の戦国大名が、ローマ教皇に少年使節を送った。
エ　この影響で、日本には書院造の様式が伝わった。

問10　下線部⑧について、17世紀は西暦何年から何年までですか。解答欄に従って数字を答えなさい。

問11　下線部⑨について、次のa～hの出来事のうち、19世紀に起こったことをすべて選んで古い順に並べ替えたとき、2番目と4番目にくる出来事の組み合わせとして正しいものを次の**ア**～**カ**のうちから1つ選んで、記号で答えなさい。

a　日露戦争が起こる　　b　教育勅語が出される　　c　初めて鹿児島県ができる
d　徳川吉宗の改革が行われる　　e　日本が中国にリャオトン半島を返した
f　下田と函館を開港する　　g　大塩平八郎の乱が起こる
h　日本が国際連盟に加盟する

ア　b・d　**イ**　f・b　**ウ**　g・a　**エ**　c・h　**オ**　f・c　**カ**　a・h

も［ア］を受けているんだ。ヨーロッパとアジアで国の力に差がでてきた、ってことかな。

次郎さん：さらにね、イギリスとフランスに共通する部分があるように見えるんだよ。

花子さん：ん～、そうね～。あ、どちらの国も、古い政治体制をこわして、民衆が新しい政治体制を作った［イ］が起こったってことじゃない？

次郎さん：それなら、アメリカ独立戦争もイギリスに支配されていた古い政治体制をこわした［イ］の一つかもね。

太郎さん：こうやってみると、国や時代は違っても、何となく似たような歴史をたどるのかもしれないね。じゃあ、スペインやポルトガルはどうだったのか、もっと詳しく知りたくなってきたな。中学生になったら、もっと調べてみようっと。

問2　【　X　】にはカタカナで、【　Y　】にはアルファベットでそれぞれ当てはまる語句を答えなさい。

問3　下線部①の国と日本との関係を述べた文として正しいものを、次の**ア**～**エ**のうちから1つ選んで、記号で答えなさい。

ア　平清盛がこの国との貿易をおしすすめた。

イ　足利義満によってこの国との貿易が始まった。

ウ　この国と日中平和友好条約を結んだ。

エ　執権北条時宗のときにこの国と戦った。

問4　下線部②について、これがおこったころの日本の様子として正しいものを、次の**ア**～**エ**のうちから1つ選んで、記号で答えなさい。

ア　応仁の乱がおきた。

イ　日米安全保障条約が結ばれた。

ウ　江戸幕府を倒す動きが強まった。

エ　全国に守護や地頭が置かれた。

問5　下線部③に関する文として正しいものを、次の**ア**～**オ**のうちからすべて選んで、記号で答えなさい。

ア　この戦争中に、日本では20歳以上のすべての男女に選挙権が与えられた。

イ　日本は占領した東南アジア地域などで、住民を労働にあたらせるなどした。

ウ　この戦争中に国家総動員法が定められ、国民に戦争協力を強制する体制ができた。

エ　ミッドウェー海戦での敗北から、日本の戦況が悪化した。

オ　この戦争中に、関東大震災が発生し、大きな被害を受けた。

問6　下線部④とは、憲法に従って国を治めるという意味です。日本で明治時代に、ドイツの憲法にならってつくられた憲法の名前を解答欄に従って漢字5字で答えなさい。

問7　下線部⑤に関して、日本における仏教について述べた文として誤りのあるものを、次の**ア**～**オ**のうちからすべて選んで、記号で答えなさい。

ア　聖武天皇は、仏教の力を使わずに国をおさめようとした。

イ　12世紀ごろ、平泉を中心に藤原氏による仏教文化が広まった。

ウ　奈良の唐招提寺は、鑑真によって開かれ多くの僧が学んだ。

エ　江戸時代には仏教を取り締まるために絵踏みが行われた。

オ　卑弥呼は仏教の力を使って、国をしずめる政治を行った。

4 歴史好きの太郎さんは、日本以外の国の歴史について調べました。次のカードA～Fは、それをまとめたものです。これをよく読んで、あとの問いに答えなさい。

A 中国では、13世紀にユーラシア大陸にまたがる大帝国が築かれた。14世紀後半になると①明が建国され、17世紀に清が建国された。繁栄した清は、19世紀になるとヨーロッパからの圧力を受け、1840年の【 X 】戦争で敗れると、外国の支配を受ける様になった。20世紀になると孫文らの革命により、清は倒され、中華民国となった。

B アメリカ合衆国は、イギリスの植民地であったが、18世紀後半の独立戦争により、独立を達成した。19世紀の後半には、②南北戦争という内戦状態になったが、その後は工業化をなしとげ、世界一の工業国になった。③太平洋戦争では日本と戦ったが、戦後は日本を占領し、日本の民主化を進めた。

C イギリスでは、王による政治が行われていたが、17世紀中ごろに、独裁的な王による政治を倒す革命が起こり、現在のような④立憲政治と議会政治が始まった。18世紀後半には、産業革命が起こり、イギリスは世界一の経済大国となった。20世紀後半には、ヨーロッパの地域統合に参加したが、最近では国民投票の結果、【 Y 】から離脱した。

D インドでは⑤仏教が誕生したが、日本には中国を経由して伝わった。16～17世紀には、イスラーム教をもとにした国であるムガル帝国が繁栄したが、18世紀後半から19世紀にかけて、イギリスの支配下に入った。20世紀になると、イギリスからの独立を目指し、ガンジーらが活躍した。そして、第2次世界大戦後にようやく独立した。

E スペインやポルトガルは、15～16世紀に、当時よく知られていなかった地域に積極的に航海を行い、特に⑥南アメリカやアジアなどに支配地を増やした。ちなみにフィリピンはこのころのスペイン王の名前に由来している。こうした⑦積極的な航海が各地との交易や交流を生み、日本にも大きな影響を与えた。

F フランスは、⑧17世紀後半の国王ルイ14世などの豪華な生活を多くの民衆の税などによってまかなっていた。18世紀末になると、それらへの反発からフランス革命が起こり、王による政治が倒され、民衆を中心とする新しい政治が始まった。⑨19世紀には日本も参加した万国博覧会が開かれるなど繁栄した国家となった。2024年にはオリンピックが開催される予定である。

問1 次の会話は、太郎さんがまとめたカードを見ながら感想を述べあった太郎さん、花子さん、次郎さんの会話です。会話文中の空欄にあてはまる最もふさわしい語句をA～Fのカードの文中から選んで、［ア］は5文字、［イ］は2文字でそれぞれ抜き出しなさい。

太郎さん：今回、いろんな国の歴史を調べてみてわかったのは、どの時代や地域も日本と関わりがあったってことだね。

花子さん：そうね。現代の日本って、いろんな国や地域の影響を受けてできているのかもね。

次郎さん：ところで、カードを読んでいくと、中国とインドには何かしら共通する部分があるんじゃない？

太郎さん：僕も気づいたんだ。中国もインドもかつては、繁栄した国があったけど、19世紀にはどちら

Ⅱ：国民負担率の推移

年度	租税負担	社会保障負担	国民負担率
昭和50年	18.3	7.5	25.7
昭和60年	24.0	10.0	33.9
平成7年	23.3	12.4	35.7
平成17年	22.4	13.8	36.2
平成27年	25.2	17.1	42.3
令和2年	26.3	19.9	46.1

※国民負担率とは、個人や企業の所得に占める税金や、年金・健康保険・介護保険など社会保険料の負担の割合

※財務省HPより作成

Ⅲ：国民所得に対する租税・社会保障負担率

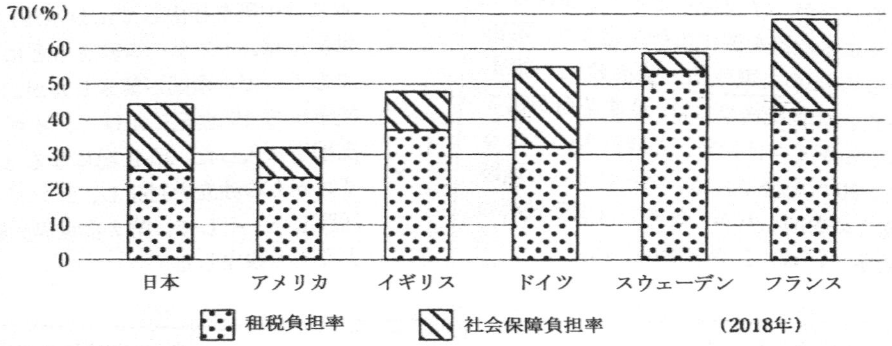

※国民所得とは、国民全体が一定期間に新たに生産したモノとサービスの価値

※財務省HPより作成

Ⅳ：国の収入（歳入）に対する各税収の割合

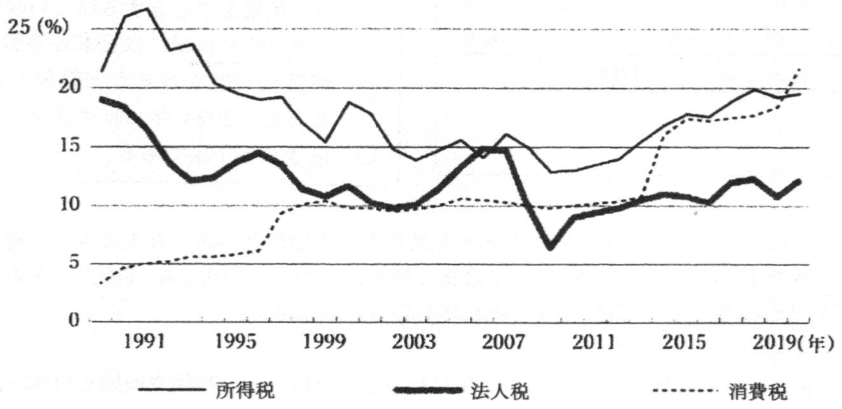

問５　次の文章は、国の予算（令和３年度）の収入（歳入）に関する説明文です。この説明文の内容をふまえ、令和３年度の収入（歳入）を表したグラフとして正しいものを**ア**～**エ**のうちから１つ選んで、記号で答えなさい。

令和３年度（当初予算）の収入総額は約106兆円である。その内訳は、公債金（国の借金）をのぞくと、消費税収入が最も多い。所得税収入は法人税収入の２倍以上である。前者の３つの税収と相続税などのその他の税収を合わせると収入総額の50%を上回る。

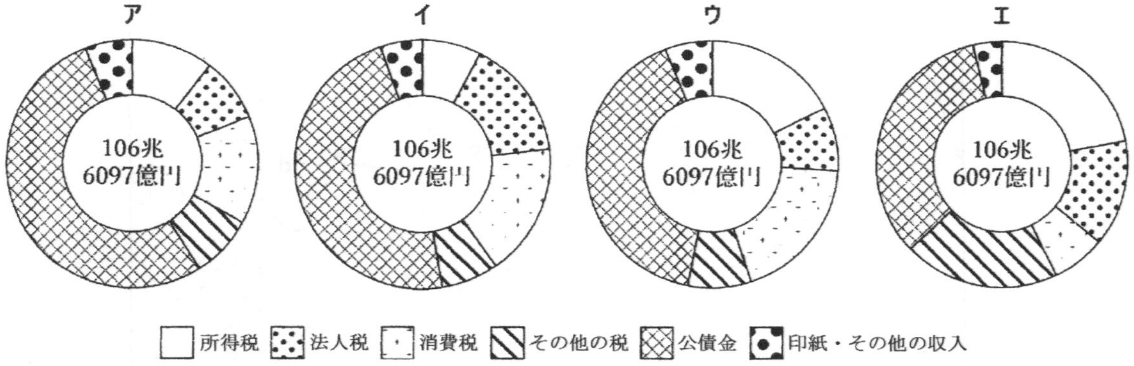

問６　○月○日に選挙が実施されると仮定します。「消費税の増税」について、各政党が選挙公約にかかげている主張は下の表の通りです。A党、B党それぞれの主張の理由を**X**・**Y**のうちから、その根拠と考えられる資料を**Ⅰ**～**Ⅳ**のうちから、それぞれ１つずつ選んで、記号で答えなさい。

政党	「消費税の増税」についての主張
A党	**増税は、するべきではありません。まずは、現在の税金の使われ方を見直すことが大切です。**
B党	**高齢者の人口が増えているので、医療に関する公共的なサービスを維持するために、消費税を増税します。**

【理由】

X：消費税による税収が景気の変化に左右されにくく安定しているため

Y：国民の租税や社会保障の負担が年々増えているため

【資料】

Ⅰ：建設国債・特例国債の発行額の推移

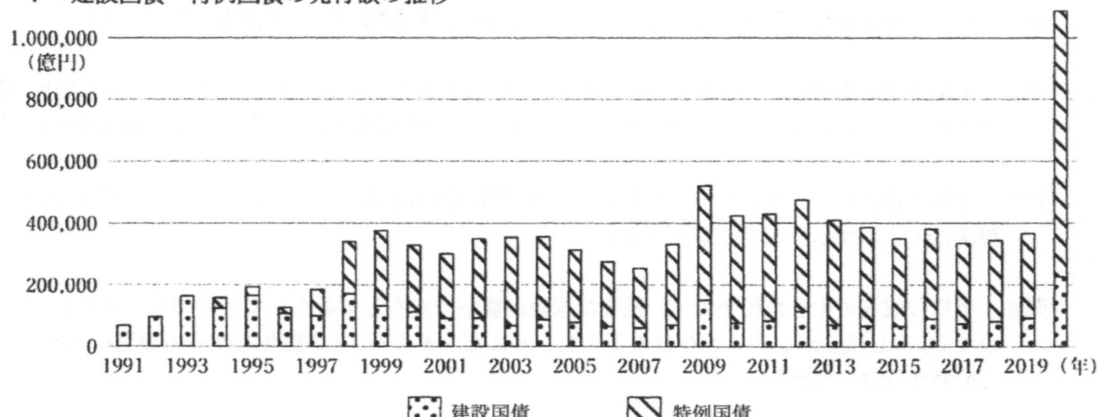

問８　文中の（　**B**　）に当てはまる西暦年月日を解答欄に従って答えなさい。

問９　説明文［Ⅳ］の国の位置を、次の地図中の**a**〜**d**のうちから１つ選んで、記号で答えなさい。

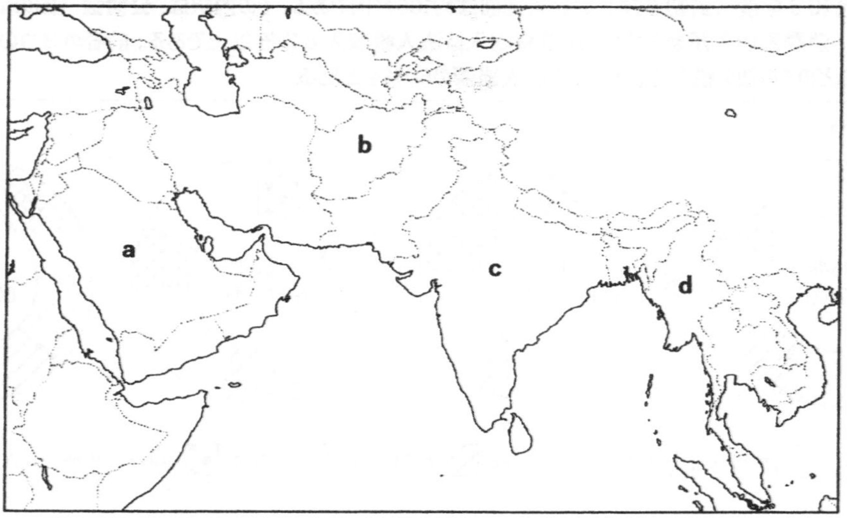

3　日本の政治のしくみについて、各問いに答えなさい。

問１　現在の衆議院議員選挙のしくみを何と言いますか。解答欄に従って漢字で答えなさい。

問２　衆議院議員選挙の際、最高裁判所の裁判官が、裁判官としてふさわしい者かどうかを国民が判断する投票が行われます。この制度を何と言いますか。解答欄に従って漢字４字で答えなさい。

問３　選挙で選ばれた代表者が集う国会によって予算が決められます。予算案を作成、国会へ提出する機関はどこですか。漢字で答えなさい。

問４　予算の収入の中心は税金です。税金は国民が豊かで安心して暮らしていくのに、とても大切なものです。もし税金がなかったらどのようなことになりますか。次の語句を使って簡潔に述べなさい。
【公共サービス・負担】

問八

二

問一
ⓐ
ⓑ
ⓒ
ⓓ
ⓔ
く

問二

問三
Ⅰ
Ⅱ

問四
③
⑤

問五

問六

問七

問八
(1)
(2)
(3)

2022年度　志學館中等部

入学試験問題　解　答　用　紙　算　数

1

(1)	(ア)		(イ)		(ウ)		
(2)	個	(3)	本以上　本以下				
(4)	通り	(5)		(6)	円		
(7)	度	(8)	度	(9)	cm^2		

2

(1)	cm^2	(2)	cm	(3)	cm^2

3

(1)	枚	(2)	
(3)	枚		
	1回目にA君が（　　）枚とり，		

【解答用

2022年度　志學館中等部　入学試験　解答用紙　【理科】

1

問1	①		②	
	③		問2	
問3			問4	
問5	支点：		力点：	
問6	①	,　　　　　　,		
	②			
	③		④	
問7				
問8				

2022年度　志學館中等部　入学試験　解答用紙　【社 会】

1

問1	(1)	a / b / c / d / e
	(2)	35
	(3)	
問2	(1)	
	(2)	a / b / c / d
	(3)	な社会
問3		
問4	(1)	
	(2)	a / b / c / d
問5		

2

問1	権	問2		問3			
問4		問5		問6		問7	
問8	年　月　日	問9					

3

問1	区　　　　　並立制						
問2	制度	問3					
問4							
問5		問6	A	理由	根拠	B	理由	根拠

4

問1	ア		イ				
問2	X		Y		問3		問4
問5		問6	憲法				
問7							
問8	南アメリカの国の多くが						
問9		問10	年から　　　　年まで	問11			

※80点満点
（配点非公表）

受験番号		名前		得点	

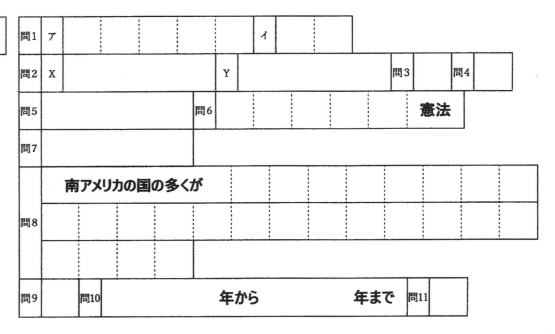

2

問1				
問2				
問3				
問4	(1)	g	問4（2）	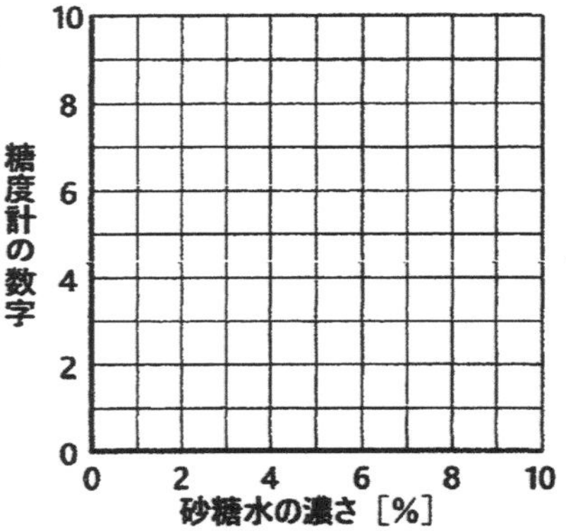
	(3)			
問5		時間		

3

問1		kg	問2		kg	
問3	(1)	g	(2)		cm	
問4	G	g	H	g	I	g
	J	g	K	g		

※80点満点
（配点非公表）

受験番号		名前		得点	

(5)	

4

(1)	時　　　分	(2)	m	(3)	時速　　　km

5

(1)	m	(2)	m
(3)	m	(4)	m^2

※120点満点
（配点非公表）

受験番号		名前	

得点	

二〇二二年度　志學館中等部

入学試験問題　国語　解答用紙

受験番号

名前

一

問一
ⓐ　って
ⓑ
ⓒ
ⓓ
ⓔ

問二

問三
B
C
D

問四

問五
②
③

問六

問七

※120点満点
（配点非公表）

2 次の文章を読んで、あとの問いに答えなさい。

[Ⅰ] 2021年1月20日、この国の新しい①大統領の就任式が行われました。新しい政権では、国際協調を重視することを表明し、前政権が離脱した②地球温暖化防止のための（ A ）協定に復帰しました。

[Ⅱ] 1949年に建国されたこの国は、1970年代後半から③新たな経済のしくみを導入し、現在、この国の貿易額は世界有数となっています。④1997年にイギリスから返還された地域では、近年、民主化を求める若者たちの動きが高まりました。それに対して、この国の政府は2020年6月30日から法律にもとづき、この地域の統制を強めています。

[Ⅲ] 2021年2月1日、この国では軍部によるクーデターが起こり、民主的な政治を行っていた⑤指導者らが拘束され、軍事政権が樹立しました。また、以前より宗教の違いからロヒンギャと呼ばれる人々の⑥難民が大量に発生しています。

[Ⅳ] 2021年8月30日、約20年にわたり、この国に駐留してきたアメリカ軍が撤退しました。駐留のきっかけは、（ B ）にアメリカで起きた同時多発テロの首謀者の引き渡し要求を、当時この国を治めていたタリバン政権が拒否したことに始まります。現在、アメリカ軍の撤退により再びタリバン政権が樹立し、世界の国々が今後の動きを注目しています。

問１ 下線部①について、三つの国家権力のうち大統領が担当するのは何ですか。解答欄に従って漢字２字で答えなさい。

問２ 下線部②について、2021年8月に国連のIPCC（気候変動に関する政府間パネル）の報告書が公表されました。次の文は、今回の報告書に示された温暖化の要因についての要約の一部です。文中の空欄に当てはまる適切な語句を漢字２字で答えなさい。
【温暖化の主な要因は、（　　）の影響が大気、海洋および陸域を温暖化させてきたことには疑う余地がない】

問３ 文中の（ A ）に当てはまる適切な語句を答えなさい。

問４ 下線部③の政策にもとづき、外国の資本や技術の導入が認められている特別地域を何といいますか。漢字4字で答えなさい。

問５ 下線部④はどこですか、答えなさい。

問６ 下線部⑤について、この国の民主化運動の代表的なリーダーで、1991年度のノーベル平和賞を受賞した人物はだれですか。次の**ア**～**エ**のうちから１つ選んで、記号で答えなさい。
ア マララ・ユサフザイ　**イ** アウン・サン・スー・チー　**ウ** マザー・テレサ
エ グレタ・トゥーンベリ

問７ 下線部⑥について、世界中で家を追われた難民や国内避難民の支援・保護を行う国際連合の機関として最も適切なものを次の**ア**～**エ**のうちから１つ選んで、記号で答えなさい。

ア UNHCR　**イ** ODA　**ウ** UNESCO　**エ** NGO

問４　下線部④について、次の問いに答えなさい。

（１）次の図は日本の漁業別の生産量の変化を表したグラフです。これに関する文として、誤りのあるものを次の**ア〜エ**のうちから1つ選んで、記号で答えなさい。

ア　1982年の沖合漁業の生産量は、同じ年の養殖業の生産量の約6倍を示している。

イ　1970年代に遠洋漁業の漁獲量が減少している要因の一つに、200海里水域の設定が挙げられる。

ウ　沖合漁業・沿岸漁業が1990年頃から減少しているのは、外国からの輸入が増加したことが要因の一つである。

エ　養殖業は、様々な漁業が衰退した結果、2017年には生産量が一番多い漁業となっている。

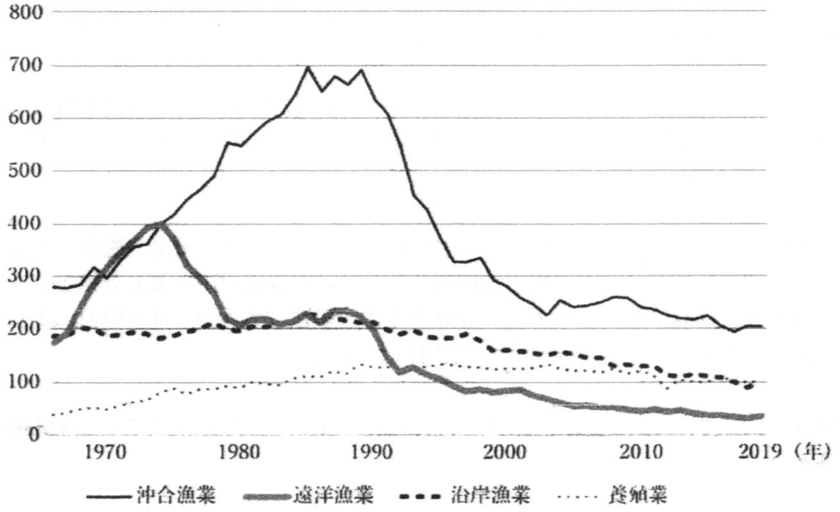

（農林水産省統計）

（２）　下の表は日本の主な農産物の生産量の上位3都道府県を表したものです。a〜dに当てはまる品目を下の**ア〜キ**からそれぞれ選んで、記号で答えなさい。

農産物	生産量１位	生産量２位	生産量３位
a	北海道	鹿児島	宮崎
b	山梨	福島	長野
c	和歌山	愛媛	熊本
d	群馬	愛知	千葉

（データブックオブザワールド2020）

ア　キャベツ　　**イ**　きゅうり　　**ウ**　りんご　　**エ**　みかん　　**オ**　もも　　**カ**　肉牛
キ　ぶた

問５　下線部⑤について、防災の備えの1つとして、毎日の生活で使う食料品を多く買っておき、もしもの時に備えるという非常食の備ちく法を何といいますか。

（3）**地図1**中の〇の地域は、薩摩藩の武士らが江戸幕府の命令により治水工事を行ったことで有名な地域です。この地域にみられる**写真1**のような建物が見られる伝統的な集落の名称を答えなさい。

問2　下線部②について、次の問いに答えなさい。

（1）次のグラフは日本のあるエネルギー・鉱産資源の輸入相手国上位3か国とその割合を示したものであり、**A～D**は、銅鉱、鉄鉱石、天然ガス、原油(石油)のいずれかです。このうち鉄鉱石に当てはまるものを**A～D**のうちから1つ選んで、記号で答えなさい。

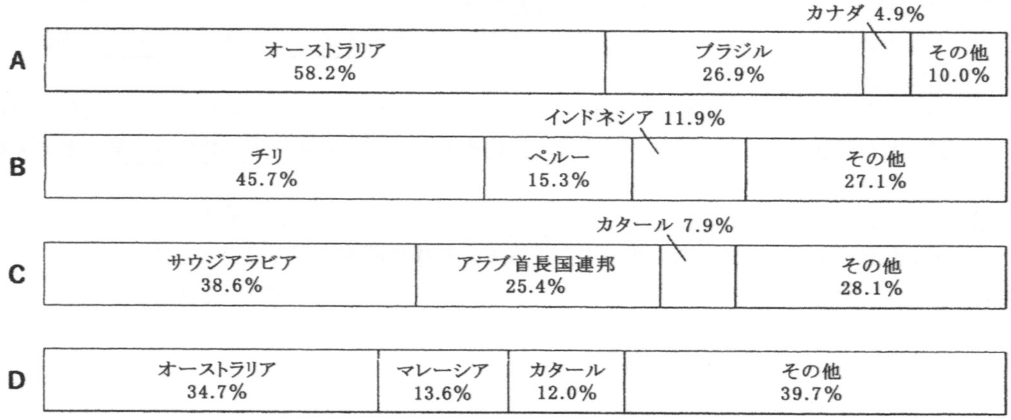

（2）次の伝統工芸品で有名な都道府県名を次の**ア～オ**からそれぞれ選んで、記号で答えなさい。

a　有田焼

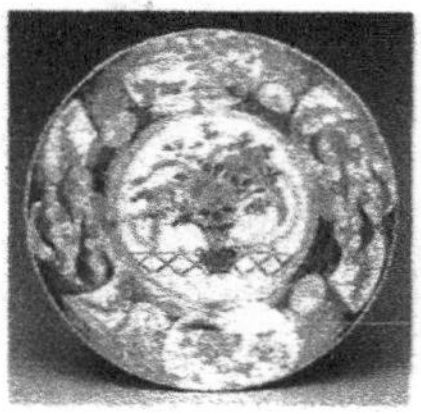

b　輪島塗

c　高岡銅器

d　南部鉄器

ア　岩手県　　**イ**　富山県　　**ウ**　石川県　　**エ**　群馬県　　**オ**　佐賀県

（3）日本の工業の課題として、資源・エネルギーの確保や環境への配慮などがあげられ、未来を生きる人々の幸福のために、環境を大切にし、資源を使い切ってしまわない社会の実現が目指されています。このような社会を何といいますか。解答欄に従って漢字4字で答えなさい。

問3　下線部③について、メディアが伝える情報の内容の正しさを確認し、活用する能力や技能のことを何といいますか。

1 次の文章は、ある学校での先生と生徒の東京オリンピック・パラリンピックについての会話です。これを読んで、あとの問いに答えなさい。

先生：昨年は57年ぶりの東京オリンピック・パラリンピックが開催されましたが、皆さんはニュースを見て気になったことがありましたか？

生徒A：私が気になったのは、開催にあたってある競技の開催地が移動したニュースです。①日本の気候が大きく影響して場所や時間などの調整がされていたことが印象的でしたね。

生徒B：私が気になったのは、選手村に自動運転のバスが導入されたというニュースです。未来の話だろうなと思っていたのに、自動で運転するなんて、②日本の工業や③情報化社会の進展がすごいと思いました。

生徒C：私は選手村の食事が美味しいというニュースが気になりました。オリンピックは世界の様々な国の人々が参加しているので、日本の食文化やそれを支える④日本の農林水産業に触れる機会になったのならよかったと思います。

生徒D：私はオリンピック直前に発生した⑤災害のニュースをみて、東京オリンピック・パラリンピックに影響がなければ良いなと思っていたので、無事に開催出来て良かったです。

先生：皆さん、様々な視点からオリンピック・パラリンピックを見ていたのですね。

問１　下線部①について、次の問いに答えなさい。

写真１

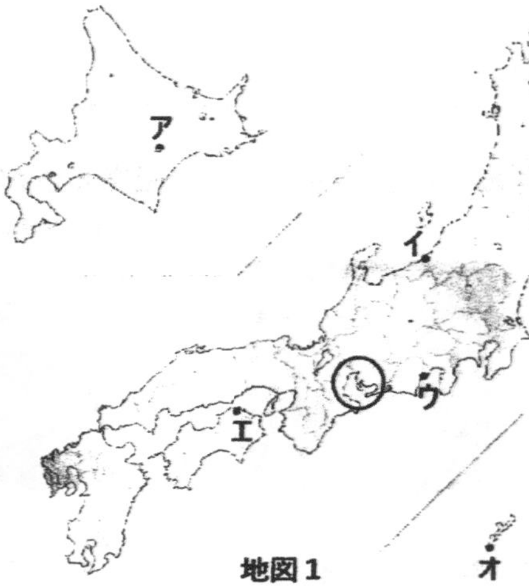

地図１

（１）下の雨温図は**地図１**中の**ア～オ**のいずれかの地点の雨温図です。a～eに当てはまるものをそれぞれ**ア～オ**のうちから選んで、記号で答えなさい。

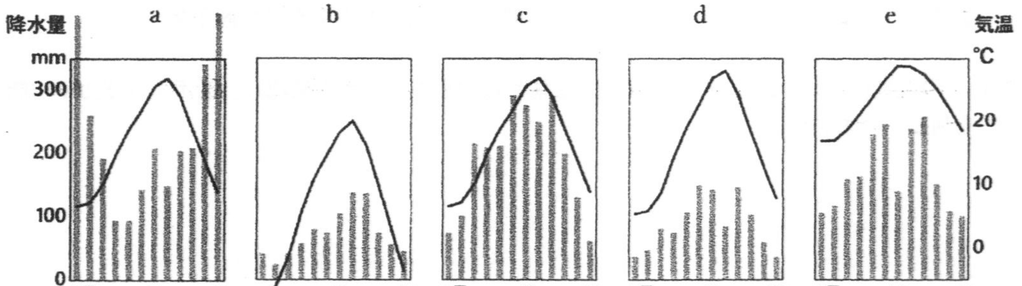

（理科年表　平成31年）

（２）問題（１）中のａの地点がこのような雨温図になる理由を35字以上50字以内で説明しなさい。

2022年度志學館中等部入学試験問題

社 会

（40分）

【 受験上の注意 】

1．試験開始の合図があるまで,この問題冊子の中を見てはいけません。
2．解答は、この冊子の間にはさんである解答用紙の解答欄の枠内に収まるように全て記入しなさい。
3．この問題冊子と解答用紙には、受験番号・名前を必ず記入しなさい。
4．字数制限のあるものは、原則として句読点「　」も一字に数えます。（指示のあるものは除く。）
5．メモや計算は、問題冊子の余白を利用しなさい。

受験番号		名　前	

志學館 中等部 高等部
SHIGAKUKAN junior high school senior high school

2 次の文章は、夏のある日に車でドライブしているときの、カンタとお母さんとの会話の一部です。これを読んで、下の各問いに答えなさい。

カンタ：空は晴れているけど、桜島の上には雲ができているよ。

母　：あのような雲を「かさ雲」というのよ。①雲の正体は雲粒《うんりゅう》という小さなつぶの集まりなの。しめった空気が山の斜面《しゃめん》にぶつかって上昇《じょうしょう》して冷やされると、雲粒ができるの。だから、「かさ雲」が見られると雨が降ることがあるのよ。

カンタ：だいぶ遠くまで来たね。うちの車は燃費がいいって聞いたけど、ハイブリッド車だからなんだよね。

母　：そうよ、ちがった種類のものを組み合わせてできるもののことをハイブリッドと言うのよ。

カンタ：信号が赤になったね。昔の信号機には白熱電球を使っていたと聞いたけど、あの信号機は発光ダイオードの光だね。どうして変わったの？

母　：②発光ダイオードは電球に比べて（　**A**　）のよ。ほかにもいろいろな理由があるけど、大きくは地球温暖化の原因とされる二酸化炭素の排出量《はいしゅつりょう》を減らそうという取り組みなのよ。

カンタ：ねえ見て、あそこの畑で③トマトを育てているよ。そういえば、おばあちゃんの畑でつくるトマトはとてもあまいよね。

母　：それには秘密があって、おばあちゃんの畑では④トマトをあまくするために、果実が育つ時期にわざと水をあたえないようにしているのよ。

カンタ：そうなんだ。はやくおばあちゃんのトマトを食べたいな。もうすぐおばあちゃんの家だね。家を出発したときと今では、⑤太陽の位置もだいぶ変わったね。

問１　下線部①について、水は温度により姿を変えます。雲を形づくる雲粒は、水のどのような状態ですか。すべて答えなさい。

問２　下線部②について、「電気」、「光」という言葉を使い、（　**A**　）内に当てはまる文章を完成させなさい。

問３　下線部③について、次の文章はカンタが書いたトマトの観察記録です。ところがこの観察記録にはまちがっている部分が１か所あります。なぜまちがっているのか、その理由を説明しなさい。

６月 18 日　天気：くもり　気温：24℃

くきもぐんぐんのびて枝分かれして、その枝に葉がついています。水をまくときに肥料もあたえたので、小さかったトマトの実もだいぶ大きくなりました。花がさいていなかった枝先にもトマトの実がなっています。実の色はまだ緑色のものが多いですが、くきに近い部分から実が赤くなっています。

問5　人がひじより先を曲げる場合、てこのはたらきで動かしています。うでを**図2**の矢印の方向に動かすとき、支点と力点はどの場所になるか**ア**～**カ**から選びなさい。ただし、**イ**と**エ**と**オ**は筋肉と骨がつながる場所、**ア**と**ウ**と**カ**は骨と骨がつながる場所です。

図2

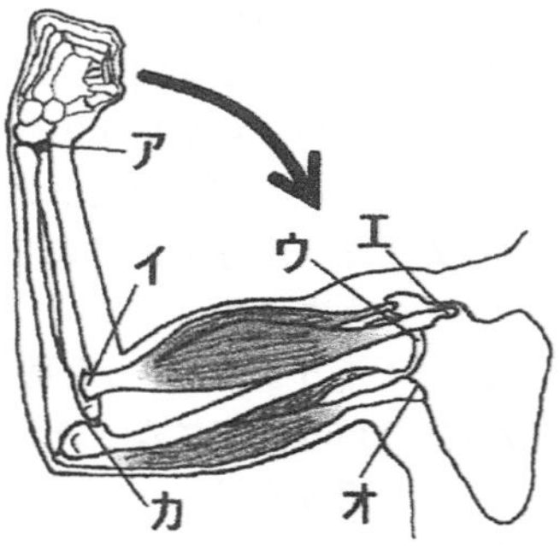

問6　次の文章中の①≪　　　≫の中の語句を正しい順番にならびかえなさい。また、［②］にあてはまる適当な語句を答え、③、④は【　　】の中の語句より選びなさい。

カンタくんは、学校の近くにある切り立った斜面《しゃめん》に地層が見られることに気づきました。そこで、地層がどのようにしてできるのかを調べようと、次のような実験をしました。

まず、とう明なペットボトルの中に、ねん土、砂、小石を入れ、そこに水を入れました。次に、ペットボトルにふたをしてよくふった後、水平な台の上にしばらく静かに置きました。すると、ペットボトルの中に、水平方向に平行な3つの層ができていることが観察されました。その層は、下から順番に①≪砂、小石、ねん土≫の層になっていました。

地層には、さまざまな種類の岩石がふくまれています。その中には、火山灰などが固まってできたぎょうかい岩や、うすい塩酸と反応して二酸化炭素を発生させる［②］などがあります。また、地層には化石がふくまれていることがあります。ある地層からサンゴの化石が発見されたとすると、大昔にその地層ができた環境は、③【あたたかく・つめたく】、④【浅《あさ》い・深い】海であったと考えられます。ただしサンゴは、光を利用する生物といっしょに生活しています。

問7　ジャムなどのビンに使われている金属のフタがなかなか開けられないとき、フタを温めると開けやすくなります。なぜフタを温めると開けやすくなるのでしょうか。理由を説明しなさい。

問8　奄美大島などの海岸に、**図3**のような軽石が多量に流れ着いて話題になりました。軽石はマグマが冷えてできたもので、溶岩《ようがん》と同じ成分です。しかし、同じおもさの溶岩と軽石を水に入れると、溶岩は水にしずむのに対して軽石は浮《う》きます。軽石が水に浮く理由を説明しなさい。

図3

1 次の各問いに答えなさい。

問１　次の文章中の ① ～ ③ にあてはまる適当な語句を答えなさい。

葉がついたホウセンカと、葉をとったホウセンカを用意し、それぞれにとう明なポリエチレンのふくろをかぶせ、10～20分置きました。すると、葉のついたホウセンカにかぶせたふくろの内側には、水てきが多くついているのが観察されました。このことから、植物の ① から吸収された水は、くきを通った後、主に葉から ② となって出ていくことがわかります。このように、植物のからだの中の水が、 ② となって出ていくことを ③ といいます。

問２　2021 年ノーベル物理学賞を受賞した日本出身のアメリカ人を下の①～⑤の中から選び、番号で答えなさい。

①　カズオ イシグロ　　②　本庶《ほんじょ》 佑《たすく》　　③　赤崎《あかさき》 勇《いさむ》　　④　真鍋《まなべ》 淑郎《しゅくろう》　　⑤　山中《やまなか》 伸弥《しんや》

問３　２つのビーカーを用意し、ビーカーAには50mL、ビーカーBには80mLの水を入れてあります。それぞれのビーカーに食塩50gを加えたところ、どちらにもとけ残りがありました。このとき、ビーカーAとBについて正しい説明をしている文章を次の中から2つ選び、番号で答えなさい。ただし、ビーカーA、B内の水の温度は常に同じでした。

①　BよりもAの方に、多くの食塩がとけている。
②　AよりもBの方に、多くの食塩がとけている。
③　AとBには同じ量の食塩がとけている。
④　食塩水の濃《こ》さは、BよりAのほうが大きい。
⑤　食塩水の濃さは、AよりBのほうが大きい。
⑥　食塩水の濃さは、AとBで等しい。

問４　**図１**のグラフは、鹿児島の10月20日～10月23日の気温の変化を示しています。この４日間の昼間の天気は、雨と晴れの日がそれぞれ１日ずつありました。雨の日と晴れの日の組み合わせとして最も適切なものを**表１**のア～オから選び記号で答えなさい。

図１

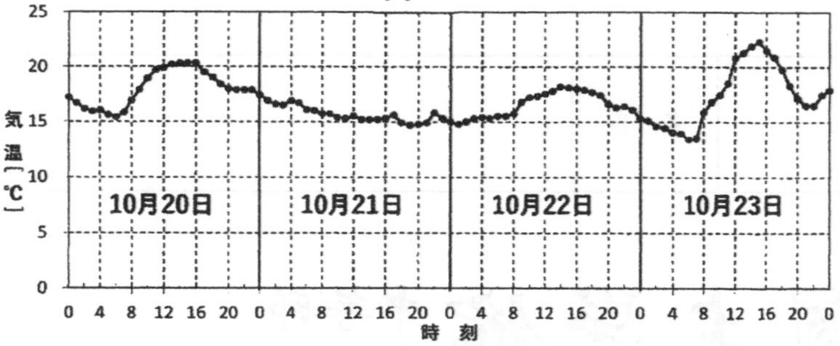

表１

	雨	晴
ア	２０日	２１日
イ	２０日	２３日
ウ	２１日	２２日
エ	２１日	２３日
オ	２３日	２１日

2022年度志學館中等部入学試験問題

理科

（40分）

【 受験上の注意 】

１．試験開始の合図があるまで、この問題冊子の中を見てはいけません。

２．解答は、この冊子の間にはさんである解答用紙の解答欄の枠内に収まるように全て記入しなさい。

３．この問題冊子と解答用紙には、受験番号・名前を必ず記入しなさい。

４．メモや計算は、問題冊子の余白を利用しなさい。

受験番号		名　前	

志學館 中等部 高等部

SHIGAKUKAN junior high school senior high school

2 1辺の長さが10 cmの正方形ABCDと1辺の長さが7cmの正方形EFGHがあります。図1のように，正方形EFGHの2本の対角線の交点が，頂点Aに重なっており，頂点Gが辺AB上にあり，頂点Hが辺AD上にあります。

(1) 三角形AGHの面積は何cm^2ですか。

図1

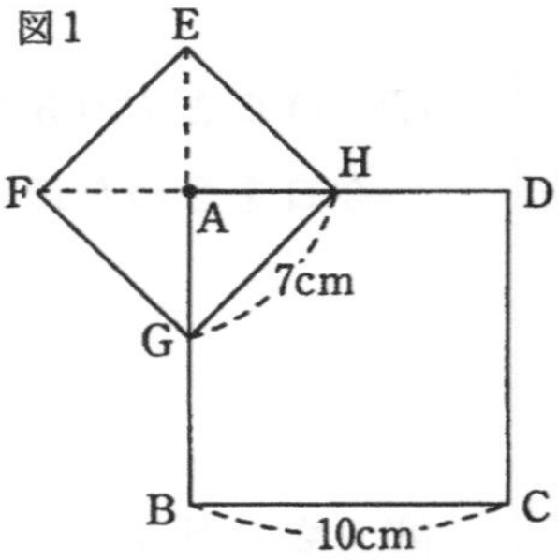

(2) 頂点Aを中心に，正方形EFGHを回転させると，図2のようになりました。2つの辺ADとGHの交点をIとし，2つの辺ABとFGの交点をJとすると，IGの長さは4 cmでした。JGの長さは何cmですか。

図2

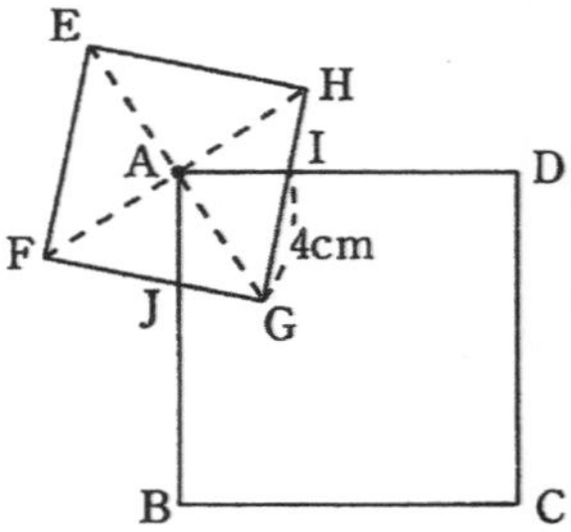

(3) さらに，正方形EFGHを頂点Aを中心に回転させると，図3のようになりました。
このとき，図の斜《しゃ》線部分の面積は何cm^2ですか。

図3

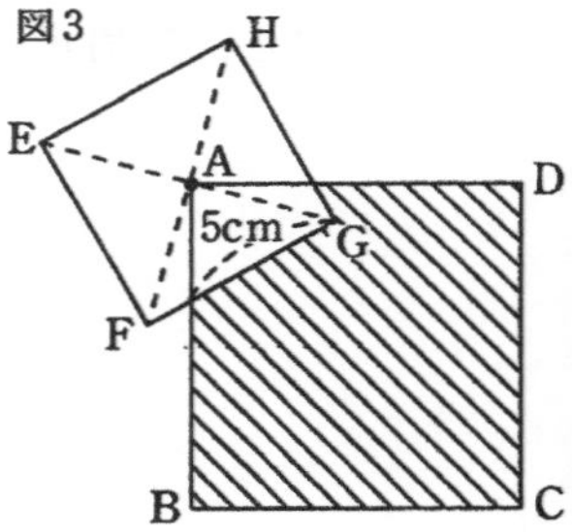

(7)　昨日までの5日間の平均気温は5.6度で，今日の気温が7.4度でした。
今日を含めた最近の6日間の平均気温は何度ですか。

(8)　右の図は正五角形に平行な2本の直線が交わっています。
角㋐の大きさは何度ですか。

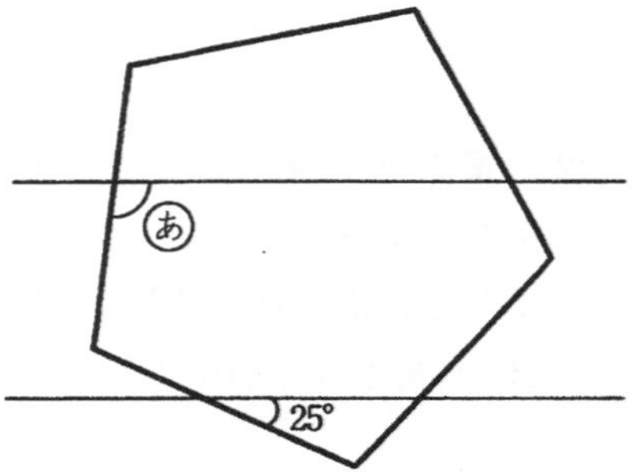

(9)　右の図はおうぎ形と長方形を組み合わせた図形です。
図の斜《しゃ》線部分の面積は何 cm^2 ですか。
ただし，円周率は3.14とします。

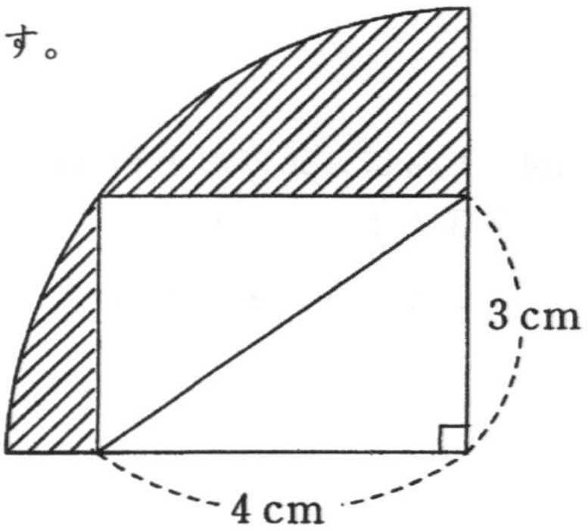

1 次の各問いに答えなさい

(1) 次の計算をしなさい。

（ア） $24+3\times12-8\div2$

（イ） $\frac{1}{15}+\left(\frac{11}{6}-\frac{3}{8}\right)\div1\frac{3}{4}$

（ウ） $5.28\times31.4+37.2\times3.14$

(2) 1以上100以下の整数で，5で割って2余り，6で割って3余る数は，何個ありますか。

(3) 太郎君は，黒赤青の3色ボールペンを10本持っていますが，そのうち黒色のインクが出ないボールペンは3本あり，赤色のインクが出ないボールペンは4本，青色のインクが出ないボールペンは1本あります。3色ともインクが出るボールペンは，何本あると考えられますか。何本以上何本以下で答えなさい。

(4) 次郎君は，100円玉1枚，50円玉3枚，10円玉3枚をもっています。これらの硬貨を使って，おつりが出ないように支払うことのできる金額は何通りありますか。ただし，7枚のうち少なくとも1枚は使うものとします。

(5) 次のような数が並んでいます。60番目の数を答えなさい。

$$\frac{1}{2},\ \frac{1}{3},\ \frac{2}{3},\ \frac{1}{4},\ \frac{2}{4},\ \frac{3}{4},\ \frac{1}{5},\ \cdots\cdots$$

(6) 太郎君は，お正月にもらったお年玉のうち55％を親にわたし，残りの$\frac{3}{5}$を使ったので，4500円残りました。もらったお年玉の金額は何円ですか。

2022年度志學館中等部入学試験問題

算数

（60分）

【 受験上の注意 】

1．試験開始の合図があるまで、この問題冊子の中を見てはいけません。

2．解答は、この冊子の間にはさんである解答用紙の解答欄の枠内に収まるように全て記入しなさい。

3．この問題冊子と解答用紙には、受験番号・名前を必ず記入しなさい。

4．メモや計算は、問題冊子の余白を利用しなさい。

受験番号		名　前	

志學館 中等部 高等部

SHIGAKUKAN junior high school senior high school

瑠雨ちゃんの顔をのぞきこみ、あれっと思った。

長いまつげが動きを止めている。あいかわらずこまった顔をしているけど、その目はめずらしくわたしをまっすぐに見つめて、なにかをうったえかけている。

十秒くらい目と目を見合わせてから、わたしは「ええっ」とのけぞった。

「まさか、謡曲きいてくれるの⁉」

瑠雨ちゃんがこくっとうなずいた。

くると言ったら、瑠雨ちゃんはほんとうにきた。その日の学校帰りに、さっそく。

きゅうなことにうろたえていたのは、むしろわたしのほうだった。

「ほんとうにきてくれるの？　いいの？　ほんとに？」

学校からうちまでの道中、なんどもなんどもわたしがきくたびに、瑠雨ちゃんはこくこくうなずきかえしてくれた。もうずっとまえから約束していたみたいに、まよいのない足どりで、わたしのあとからついてくる。

瑠雨ちゃんは、じつは［⑤］子なのかもしれない。

そんな思いがいちだんとふくらんだのは、家についてからだ。

うちの玄関のかべにはぶきみなポスターがでかでかとはられていて、くる人くる人、それを見るたび、こわい森へまよいこんだような顔をする。なのに、瑠雨ちゃんは動じることなく、そのポスターのまえをすずしげに通りすぎた。

それだけじゃない。ターちゃんの和室にあるカッパのお面にも、かわうそのはくせいにも、インドネシアの魔《ま》よけ人形にも、瑠雨ちゃんはまるでたじろがなかった。

初対面のターちゃんとも、言葉はなくても、ていねいに頭をさげてあいさつした。

「ほほう、あんたがうわさの瑠雨ちゃんかい。こんなジジイの謡曲をきいてくれるたぁ、いやはや、かたじけない」

瑠雨ちゃんがうちにきた理由を知って、ターちゃんのほうが子どもみたいにはしゃいでいた。

「では、さっそく」

つかまえた獲物《えもの》をのがすまいとばかりに、あいさつもそこそこでうたいだそうとしたから、

「ターちゃん、待った！」

わたしはあわててざぶとんをとりに走った。

マイざぶとんに正座したターちゃんのまえに、お客さん用のざぶとんをふたつ。わたしがその上で体育ずわりをすると、瑠雨ちゃんもとなりでひざをかかえた。

ターちゃんはそれなりにあがっていたのかもしれない。うたいだすまでは、がらにもなくよそゆきの顔をして、気どったせきばらいなんかもしていた。

でも、いざうたいだしたら、まるきしいつものターちゃんだった。

っていうか、⑥その音量はいつも以上だった。

この世のものとは思えないターちゃんのドラ声は、ママいわく「ボウリョク的」で、「ハカイ的」で、「サツジン的」だ。ふつうに大声をはりあげるだけでも十分にききぐるしいのに、ターちゃんはふつうじゃない情熱だとか気迫みたいなのをこめて、大声をこえていく。まるでターちゃんのなかにものすごく声のでかい何者かがいて、その何者かのなかにも声のでかい何者かがいて――と、「うたう※マトリョーシカ地獄」を想像しちゃうほど。

たった⑦ひとりで何人分もの騒音をうけおっているせいか、もう冬も近いのに、ターちゃんのひたいにはみるみるあせがういていく。

Ｂ

最初からうたにきこえなかったのは、おじいちゃんがおそろしくオンチだからってだけじゃなく、たぶん、そこで語られているのがむかしの言葉だからだ。「若菜つむ」とか、「なお消えがたき」とか、「雪の下なる」とか。おじいちゃんのうたに出てくるのは、百人一首にあるような言葉ばかり。ってことは――。

これは、むかしの人がつくった、むかしのうたなんだ。

そう気づくなり、ぐん、と耳の穴のおくゆきが広がった気がした。

わたしはむちゅうで音をひろった。遠い時代からやってきた、とびきりレアな言葉たち。いまの日本語よりもやわらかくて、耳がほっくりする感じ。

その言葉たちは、ゆったりとした節にのって、わたしが見たことのない世界を物語っている。

「山もかすみて」
「白雪の」
「消えしあとこそ」
「いかなる人にて」
「なにごとにて」
「あらおそろしのことを」

⑧ああ、おもしろい。すごいのをひろった。

生まれてはじめての耳ざわりに、わたしはすっかりとりこになった。

こんな音があったなんて。

こんなうたがあったなんて。

大発見。人がむかしのうたをうたうっていうのは、むかしの音をよみがえらせるってことなんだ——。

（森絵都「風と雨」〈『あしたのことば』所収〉より）

※マトリョーシカ…ロシアのおもちゃ。胴体が上下に分割できるようになっている人形で、中に同じように分割できる人形が複数入っている。

問一　傍線部ⓐ～ⓔのカタカナを漢字に直して書きなさい。

問二　傍線部①「いますぐ作戦を決行したくなってしまったのだった」とあるが、その「作戦」の最も大事な目的を二十字以内で答えなさい。

問三　傍線部②「ろうかのとちゅうで立ちどまった瑠雨ちゃんは、ぽかんとした目でわたしをながめ、せいだいにまつげをふるわせた」とあるが、この様子から瑠雨ちゃんのどのような気持ちが読み取れるか。それを説明した次の文の空欄Ⅰ・Ⅱに入る言葉を指定された字数でそれぞれ答えなさい。

○風香に突然（　Ⅰ　十五字以内　）ので、（　Ⅱ　三字以内　）気持ち。

問四　空欄③・⑤に入る言葉を次の中からそれぞれ選び、記号で答えなさい。

③　ア　前代未聞　　イ　一石二鳥　　ウ　自由自在　　エ　奇想天外

⑤　ア　鼻の利いた　　イ　目の肥えた　　ウ　肝のすわった　　エ　へその曲がった

問五　傍線部④「赤い顔をふせ、瑠雨ちゃんから逃げるように足をふみだす」とあるが、この時の「わたし」の気持ちの説明として最も適切なものを次の中から選び、記号で答えなさい。

ア　はずかしがりながらも何とか自分の思いを瑠雨ちゃんに受け止めてほしくて打ち明けたが、叶えることができなくて落ち込んでしまっている。

イ　瑠雨ちゃんにすなおな意見を言ってもらいたくて、真っ赤な顔になりながらも瑠雨ちゃんに協力をお願いしたが、実現ができず残念がっている。

ウ　冷静に自分がしたことを振り返り、瑠雨ちゃんにしつこいと思われるようなことはもうしたくないと思い、いさぎよくあきらめてしまおうとしている。

エ　落ち着いて自分の行動を考えてみると、瑠雨ちゃんにおかしなお願いをしていることに気づき、はずかしくなっていたたまれない気持ちになっている。

問六　傍線部⑥「その音量はいつも以上だった」とあるが、この様子からターちゃんのどのような気持ちが読み取れるか。四十字以内で答えなさい。

問七　傍線部⑦「ひとりで」が係る言葉として適切なものを次の中から選び、記号で答えなさい。

ア　何人分もの　　イ　騒音を　　ウ　うけおっている　　エ　せいか

問八　傍線部⑧「ああ、おもしろい。すごいのをひろった」について、次の各問いに答えなさい。

(1)だれがこのように感じているのか。登場人物の名前を答えなさい。

(2)「すごいの」とは具体的に何のことを言っているのか。本文中から二十五字以内で抜き出して答えなさい。
(3)どのようなところを「おもしろい」と感じているのか。本文中の言葉を使って五十五字以内で答えなさい。

2021年度志學館中等部入学試験問題

国　語

（60分）

【 受験上の注意 】

1．試験開始の合図があるまで,この問題冊子の中を見てはいけません。
2．解答は、この冊子の間にはさんである解答用紙の解答欄の枠内に収まるように全て記入しなさい。
3．この問題冊子と解答用紙には、受験番号・名前を必ず記入しなさい。
4．字数制限のあるものは、原則として句読点「　」も一字に数えます。（指示のあるものは除く。）
5．メモは、問題冊子の余白を利用しなさい。

受験番号		名　前	

志學館 中等部 高等部
SHIGAKUKAN junior high school senior high school

2021(R3)志學館中
教英出版

【一】次の文章を読んで、後の問いに答えなさい。

「世界が明日終わりになると知っていても私は今日リンゴの木を植える」という言葉があります。諸説あるようですが、宗教改革を始めたマルティン・ルターの言葉として知られています。

明日、世界が本当に終わりを迎えるならば、今日、リンゴの木を植えたところで何の意味もないはずです。それでもこの言葉が多くの人の共感を呼ぶのは、「①たとえ意味がなくとも、今の自分にとって意義のあることを私はやる」。そんな強い思いに、多くの人が心を打たれ、同時に考えさせられるからではないでしょうか。

②この言葉の受け取り方は人それぞれでしょう。私の場合は「世界が明日終わりになる」、つまり自分が明日死ぬ、ということを知ったとしても、それでも学びたい、勉強を続けたいと願っています。

③そんなふうに思えるようになったのは、父の影響があります。私の父は「明日死ぬことがわかっていても勉強したい」という姿勢を、まさに身をもって体現してくれました。それほど旺盛《おうせい》な知識欲の持ち主でした。もう一つは、私自身「学ぶこと」の楽しさを知ったからです。

私は小さい頃から本を読むのが好きでした。でも、学校の勉強は、実はそれほど好きではありませんでした。教科書を読めばわかることに長い時間をかけていることが、時間の無駄に思えたものです。「勉強は我慢して学ぶもの」という感覚の授業があまりにも多かったんですね。「勉強って実はおもしろいんだよ」というさわりを見せて、「あっ、おもしろそうだな。じゃあ、この後の話も聞いてみようか」と思わせる工夫が必要なのに、それが感じられませんでした。

私がNHK社会部記者としてⓐキショウ庁を担当したとき、地震について猛勉強をしました。地震のエネルギーの大きさを表す単位にマグニチュードというのがありますね。ニュースにも出てくるように、マグニチュードは6から7に1増えるだけでエネルギーは約32倍になります。2増えてマグニチュード8になれば、32の2乗（32×32）でエネルギーは約1000倍です。なぜ1違っただけでエネルギーが32倍にもなるんだろうと思ったら、対数を使っていることがわかりました。

その後、この話を数学者の秋山仁さんに話したら、そもそも対数は船乗りが航路を計算する複雑な方法を簡単な足し算でできてしまうように開発されたというのです。

高校生のときは、対数の勉強など一体何の役に立つんだろうと思いながら数学の授業を受けていましたが、対数を使えば地震のエネルギーのように小さなエネルギーから非常に大きなエネルギーまで一つのⓑシヒョウで簡単に表せるし、航海にも役立つものとは。それがわかったとたんに、「なんであの時、対数はこんなふうに役に立つんだよって教えてくれなかったのか。それがわかっていれば、もっと興味深く対数を勉強できたのに」と思ったものです。

このように、私が「学ぶことって楽しいな」と思えるようになったのは、大学をⓒソツギョウして社会に出てからです。

一度学びの楽しさを味わってからは、（X）やみつきになりました。学べば学ぶほど、いままでわからなかったことがわかるようになり、それによって自分のⓓシヤが広がります。知らないことや新しいことに出合うとかえって好奇心が刺激され、もっと多くのことを学びたくなります。学ぶことに知的スリルを覚えるようになるのですね。好奇心が満たされれば、大きな喜びにひたることができます。

こういう学びの楽しさを、小学生、中学生、高校生の頃から体験することができたら、どんなにⓔステキでしょうか。でも、社会に出てからでもいいのです。どこかで学びの楽しさを知っておけば、その後は一生学び続けることができるのですから。

基礎的な学びや勉強には答えがあるのが普通です。学校の勉強にはたいていの場合、正解が用意されています。

ところが、研究者になるとそうはいきません。何が正解なのかわからず、答えがあるかどうかもわからないことが多くなります。

では、研究者は先が見えない中で、どうやって研究を続ける意欲を維持しているのでしょうか。

以前、テレビの番組でノーベル化学賞を受賞した鈴木章先生（北海道大学名誉教授）にお話をうかがう機会があったので、④この疑問をぶつけてみました。

鈴木先生が言われたのは、常に勉強して新しい知識を吸収しておくことが大事だということでした。そうやって知的なバックグラウンドを固めておくと、「これこれの理由からAとBを足したらCになるはずだ」という仮説を立てることができるようになります。それをもとにいろいろなことを試してみて、たとえばこういう条件で実験したらいい反応が出るはずだと思ってやってみたら、実際にうまくいった。それによっていままでわからなかったことが、わかるようになった。その積み重ねがノーベル賞につながったそうです。「まぐれでやったわけではない」と先生はおっしゃっていました。

研究者は、答えが見えないからといって、⑤やみくもに研究しているわけではないのです。

学問の道に限らず、私がジャーナリスト人生で出会った超一流と呼ばれる人たちほど、基礎的な知識を大事にしています。基礎があるからこそ、それを応用していろいろな試みができる。それを繰り返すうちに正解にたどり着けるというわけです。

鈴木先生のお話の中でもう一つおもしろいなと思ったのは、研究者にとってはチャンスも大事だということです。一生懸命に研究していると、突如《とつじょ》として新たな発見につながるようなチャンスに巡り合うことがある。そういうことがあるといいます。先生は「セレンディピティ」という言葉を使っていました。

セレンディピティとは、科学者の間でよく使われている言葉です。日本語に訳すのは難しいのですが、たまたま出合ったことから研究が大きく進んでいくというイメージでとらえてください。「思わぬ発展につながる偶然」とでも訳せましょうか。その偶然が実は大事で、偶然に導かれて研究が発展するのです。

研究者が当初から問題意識を持っていて、「これはどうすればいいのかな?」と考えていると、あるときたまたま見つけたものにひらめきを感じ、「あっ、これが役に立つんだ」と気づいて、行き詰まっていた研究に突破口が開かれる。研究が大きく飛躍するきっかけは偶然の出合いによることが多く、その偶然の出合いのことをセレンディピティと呼んでいます。

ただし、偶然といっても、それは研究者が何もしないでたまたま思いつくというものではありません。鈴木先生がおっしゃっていたように、一生懸命に研究していると、不思議とそういう出合いに恵まれるのです。

ニュートンがリンゴが落ちるのを見て、それを当たり前だと見過ごさず、「なぜ落ちるんだろう?」と研究し、万有引力の法則の発見につながったという逸話《いつわ》があります。本当にあったことなのか、実は曖昧《あいまい》なのですが、この場合、リンゴが落ちるところに出くわしたのがセレンディピティです。

この話で思い出したことがあります。毎日のようにやってくる連載原稿の締め切り。何を取り上げるか決まれば、すぐに書き出せるのですが、扱うテーマがなかなか見つからないことがあります。こういうとき、私は書店に顔を出します。ずらりと並んだ本の数々。その中に、時々私に対して「おいで、おいで」をしている本に出合うことがあります。その本の題名を見たとたん、「そうか、この切り口でテーマを設定すればいいんだ」と思いつくのです。

もちろん、その書名通りのテーマにしてしまってはダメですが、その書名に（Y）ショクハツされて、新しいテーマを見つけることができるのです。これが、私にとってのセレンディピティです。当たり前のことですが、こうしたセレンディピティのチャンスが得られるのは、必死になって考えていたからこそです。自分の頭で考えもせずに書店めぐりをしていたところで、セレンディピティは発生しません。

このセレンディピティの話は、多くの人に当てはまると思います。勉強嫌いだったのに、ちょっとしたきっかけで勉強が好きになったという人もいますよね。

そのちょっとしたきっかけとは、教え方のとても上手な先生に出会ったとか、受験対策で始めた勉強なのにいつの間にかその科目の魅力にとりつかれたとか、海外に行ってカルチャーショックを受け、日本についてもっと知りたくなったとか、本人が予想していなかった偶然であることが多いのです。

学びの楽しさを知るきっかけは人それぞれだとしても、多くの場合、出合いは偶然に訪れます。だとしたら、⑥若いうちにその偶然、つまり鈴木先生の言う「チャンス」に恵まれた人は運がいいと思います。

学ぶことがおもしろいと思えるようになったらもうしめたもの。おもしろいことは長続きします。あとは放っておいても自分から学んでいくようになるものです。若いときに、そういうおもしろいことを一つでも見つけて、それを深く掘り下げたり、それに関わるテーマに興味や関心を広げていったりしたら、年を重ねるごとに教養が身についていくことでしょう。

（池上彰『なんのために学ぶのか』より）

問一　傍線部ⓐ～ⓔのカタカナを漢字に直して書きなさい。

問二　傍線部（X）「やみつき」の本文中における意味として最も適当なものを次の中から選び、記号で答えなさい。

ア　気分が高まること。　イ　自分で行うこと。　ウ　この上なく良いこと。　エ　やめられなくなること。

問三　傍線部（Y）「ショクハツ」とあるが、次の四字熟語の空欄の漢字と同じものが入る。以下の問いに答えなさい。

（y）一□即□

(1)　四字熟語（y）の空欄に当てはまる漢字を答えなさい。

(2) 四字熟語（ｙ）の意味として最も適当なものを次の中から選び、記号で答えなさい。

ア　言葉を使わなくても互いに気持ちが伝わり合うさま。
イ　好みや考え方、性格などは人それぞれ違っているさま。
ウ　あることをきっかけに気持ちがすっかり変わるさま。
エ　小さなきっかけで重大事態になりかねない危険なさま。

問四　次の文は、傍線部①「たとえ意味がなくとも、今の自分にとって意義のあることを私はやる」について説明したものである。波線部（Ａ）（Ｂ）に表れた考え方の組み合わせとして最も適当なものを次の中から選び、記号で答えなさい。

○世界が明日終わりを迎えるならば、（Ａ）今日、リンゴの木を植えたところで、実際は何の役にも立たないが、（Ｂ）リンゴの木を植えるという行動そのものが今の自分にとって価値があるということ。

ア　Ａ　消極的　Ｂ　積極的　　イ　Ａ　積極的　Ｂ　消極的
ウ　Ａ　主観的　Ｂ　客観的　　エ　Ａ　客観的　Ｂ　主観的

問五　傍線部②「この言葉の受け取り方は人それぞれでしょう」とあるが、この言葉の受け取り方の例として最も適当なものを次の中から選び、記号で答えなさい。

ア　明日自分が生きられなくても、明日はいつも通り訪れるということ。
イ　明日自分が生きられなくても、人々は変わらず生活するということ。
ウ　明日自分が生きられなくても、今日の日記は書いておくということ。
エ　明日自分が生きられなくても、テレビＣＭは放送されるということ。

問六　傍線部③「そんなふうに思えるようになった」とあるが、そのように思えるようになったのはなぜか。四十字以内で答えなさい。

問七　傍線部④「この疑問」とはどういうことか。六十五字以内で答えなさい。

問八　傍線部⑤「やみくもに研究しているわけではない」とあるが、研究者はどのように研究しているということか。五十字以内で答えなさい。

問九　傍線部⑥「若いうちにその偶然、つまり鈴木先生の言う『チャンス』に恵まれた人は運がいいと思います」とあるが、その理由として**当てはまらないもの**を選び、記号で答えなさい。

ア　思いがけずチャンスはめぐってくるため、それを予測することはできないから。
イ　チャンスを得るために、学びの楽しさを感じることは簡単なことではないから。
ウ　出合いのチャンスがあったとしても、そのことに気づかない可能性があるから。
エ　必死に努力したからといって、ただちにチャンスに恵まれるとは限らないから。

問十　これまでの日常生活の中で、筆者の述べる「セレンディピティ」の考え方に当てはまるあなた自身の経験について、その状況がよく分かるように百字以内で書きなさい。ただし、本文中で述べられている具体例を除くこと。

図 1

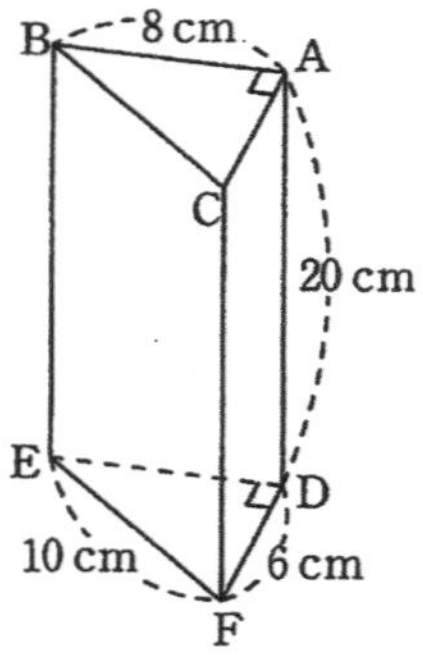
B
8 cm
A
C
20 cm
E
D
10 cm
6 cm
F

図 2

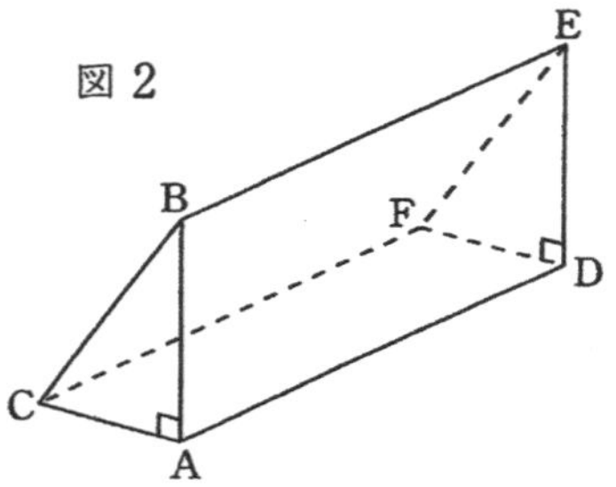
E
B
F
D
C
A

図 3

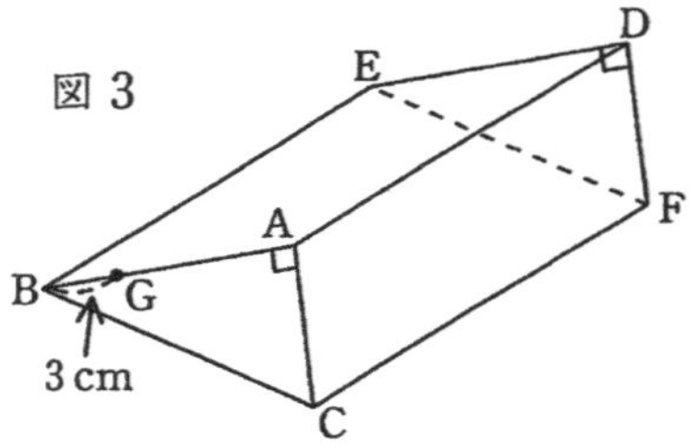
D
E
A
F
B
G
3 cm
C

図 4

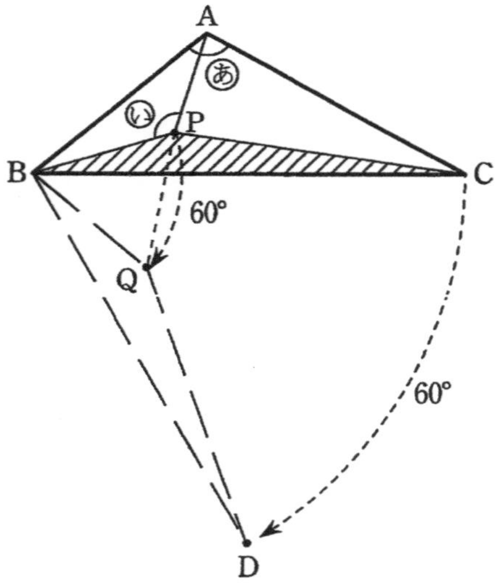
A
あ
い
P
B
C
60°
Q
60°
D

図 5

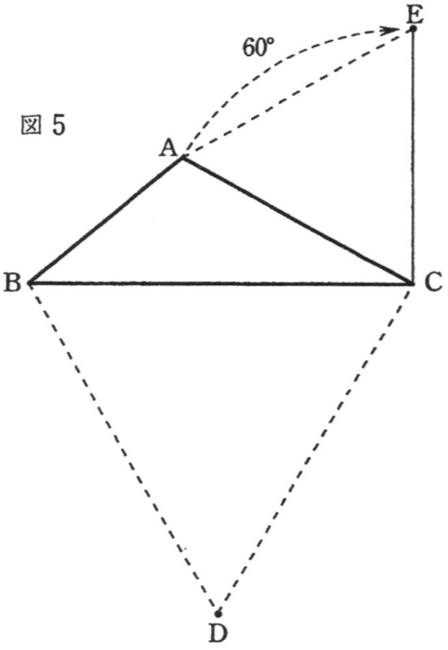
E
60°
A
B
C
D

4　右の図１のような，とう明な容器があります。この容器は直角三角形と長方形で囲まれている三角柱で，面 DEF を下にして水平な床の上に置かれています。

この容器の中に水面の高さが床から 15 cm になるまで水を入れて，こぼれないようにふたをしました。このとき，次の問いに答えなさい。

(1)　入れた水の体積は何 cm^3 ですか。

(2)　図２のように，面 CADF を下にして床におくと，水面の高さは床から何 cm ですか。

(3)　図３のように，面 BCFE を下にして床におき，辺 CF は床につけたまま，辺 BE を持ち上げ，水面が辺 AB 上で B から 3 cm の位置 G になるようにしました。このとき，水面は辺 AC 上で C から何cm の位置ですか。

5　右の図４の三角形 ABC の角㋐は 90° より大きく 120° より小さい角です。三角形 ABC の内側に点 P をとり，三角形 ABC の内側で自由に動かします。点 P から３つの点 A，B，C までの長さの合計が最も短くなるような点 P の位置を考えてみましょう。

(1)　三角形 ABC の内側の点 P に対して，三角形 PBC を点 B を中心に時計回りに 60° 回転させてできる三角形を三角形 QBD とします。

(ア)　折れ線 APQD の長さが，点 P から３点 A，B，C までの長さの合計 AP＋BP＋CP に等しいことを説明しなさい。

(イ)　４点 A，P，Q，D が一つの直線上にあるとき，点 P から３点 A，B，C までの長さの合計 AP＋BP＋CP が最も短くなります。このとき，２つの直線 AP と PB が交わってできる角㋑は何度ですか。

(2)　三角形 ABC の点 A を，点 C を中心に図５のように時計回りに 60° 回転させた点を点 E とします。

点 P から３つの点 A，B，C までの長さの合計が最も短くなるのは，点 P がある２つの直線の交わる点になるときです。その２つの直線はどれですか。下の ① ～ ⑨ から２つ選び，番号で答えなさい。

①　直線 AB	②　直線 AD	③　直線 AC
④　直線 AE	⑤　直線 BC	⑥　直線 BD
⑦　直線 BE	⑧　直線 CD	⑨　直線 CE

＊ 計算用紙

【実験1】 鉄粉とうすい塩酸を混ぜることにより気体を発生させ、発生した気体を集めた。

【実験2】 ある量の6％塩酸を用意した。**実験1**の装置を使って、この塩酸に鉄粉がどれだけ溶けるか調べたところ、鉄粉は 5.60g 溶けることがわかった。また、このとき発生した水素の体積は 2.5L であった。実験後の水溶液から水を蒸発させたところ固体が残り、そのおもさは 12.7g であった。

〔学習1〕 **実験1**で発生した気体は水素という気体で、気体の水素は「水素分子」という粒からできており、水素分子の粒1個は「水素原子2個」が結びついてできていることがわかった。

〔学習2〕 **実験1**で起こった化学変化について調べた。化学変化のようすを粒のモデルで表すと次のようになっていることがわかった。

＜鉄原子と塩化水素分子が化学変化するときの粒のモデル＞

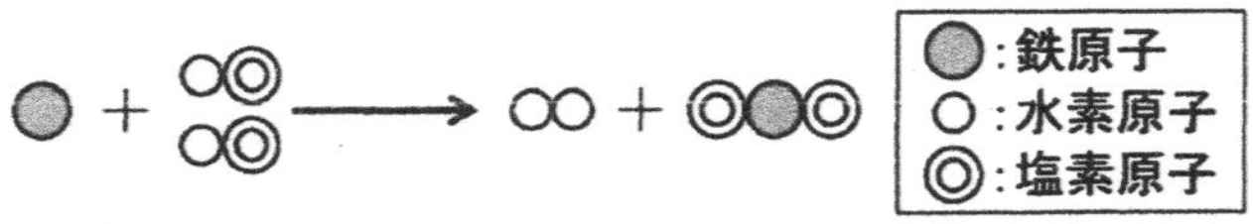

上の粒のモデルより、鉄原子と塩化水素分子が化学変化を起こすときの粒の個数比は、「鉄原子：塩化水素分子＝ ① ： ② 」となることがわかった。また、この比を用いると、鉄原子 10 個が化学変化するとき、水素分子が ③ 個できることもわかった。

〔学習3〕 いろいろ調べてみると、金属のアルミニウムも塩酸と化学変化を起こし、水素分子と塩化アルミニウムという物質ができることがわかった。塩化アルミニウムは「アルミニウム原子1個につき塩素原子が3個」結びついていることがわかった。よって、アルミニウム原子と塩化水素分子が化学変化を起こすときの粒の個数比は、「アルミニウム原子：塩化水素分子＝ ④ ： ⑤ 」となることがわかった。

問1　**学習2**、**学習3**の文章中の ① ～ ⑤ にあてはまる適当な数値を答えなさい。

問2　**学習3**より、アルミニウムと塩酸が化学変化するようすを粒のモデルで表しなさい。ただし各粒のモデルは以下の記号を用いなさい。

⊗:アルミニウム原子　○:水素原子　◎:塩素原子

問3　鉄原子が400個、塩化水素分子が500個あるとき、水素分子は最大何個できますか。

問4　**実験2**で使用された6％塩酸は何gですか。小数第一位を四捨五入して答えなさい。ただし、この実験の間の温度は常に一定で、そのときの温度における水素の気体1.00 g は、12.5Lであることがわかっています。

3 次の文章を読んで、下の各問いに答えなさい。

私たちは、学校や家の中でさまざまな「もの」に囲まれています。このような「もの」を科学の世界では「物質」といいます。これらの物質を混ぜたり加熱したりすると別の物質に変化することもあります。これを「化学変化」といいます。たとえば、塩酸に鉄を入れると気体の水素が発生しますが、これも化学変化の一種です。

私達の身の回りにあるすべての物質は、「原子《げんし》」や「分子《ぶんし》」という目に見えないとても小さな粒が集まってできています。例えば鉄は「鉄原子」という粒がたくさん集まってできています。また、水は「水分子」という粒からできており、さらに水分子の粒1個は「水素原子」という粒2個と、「酸素原子」という粒1個が結びついてできています。それぞれ粒のモデルで表すと**図1**、**図2**のようになります。

図1

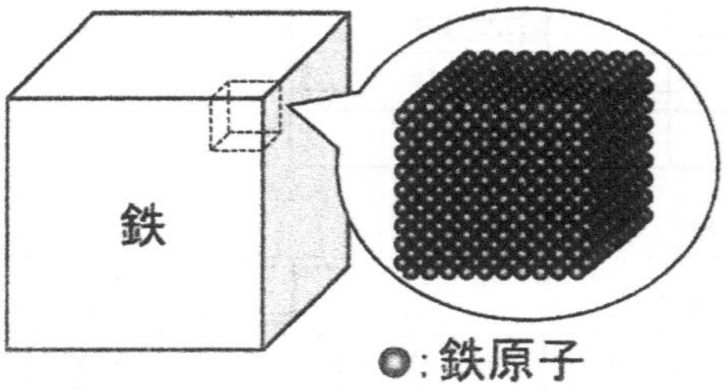

図2

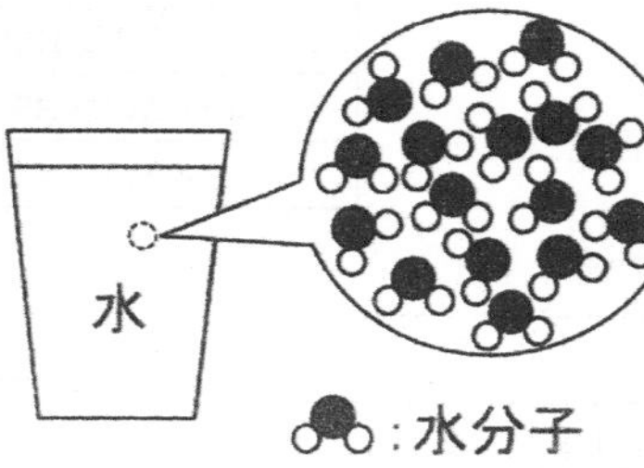

図3

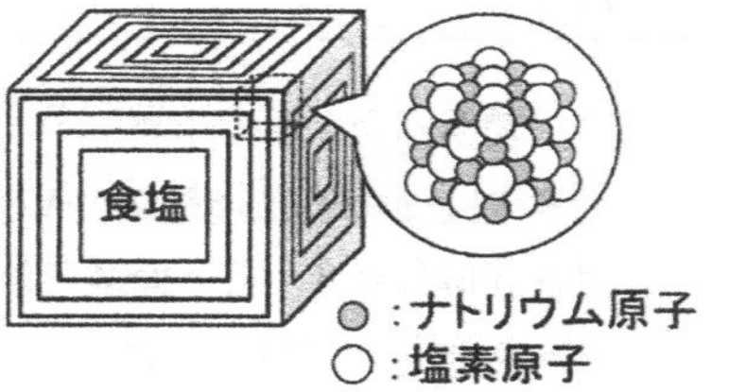

また、塩酸と水酸化ナトリウム水溶液を混ぜたときに起こる化学変化を「中和」といい、このとき水溶液中には水と食塩（塩化ナトリウム）ができます。食塩は**図3**のように、「ナトリウム原子1個につき塩素原子が1個」結びついた構造になっています。

このような考え方の元をつくったのはイギリスの化学者ドルトンであり、彼は1803年に原子の基本的な考え方を発表しました。その考え方をまとめると次の3つになります（**図4**）。

①化学変化によってすべての原子はそれ以上に分割することができない。

②原子の種類によって、おもさや大きさが決まっている。

③化学変化によって、原子が他の種類の原子に変わったり、なくなったり、新しくできたりすることはない。

図4

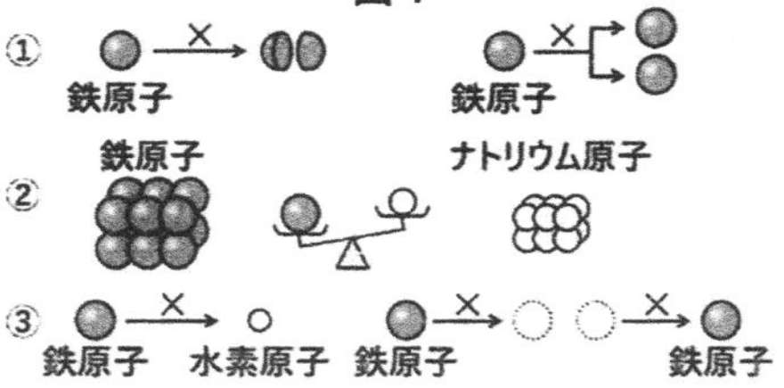

そして、これら原子や分子といった粒が多く集まっているほどおもくなり、鉄や水のおもさが2倍になると、その中に含まれる鉄原子や水分子の数も2倍になります。

さて、小学校で学習した塩酸も原子や分子でできています。塩酸は正確には「『塩化水素』というものが水に溶けた水溶液」です。この塩化水素も「塩化水素分子」という粒からできており、塩化水素分子は「塩素原子1個と水素原子1個」が結びついてできています。粒のモデルで表すと**図5**のようになります。これらのことから、鉄やアルミニウムが塩酸に溶けて気体が発生するようすについて考えてみるために、次のような実験や調べ学習を行いました。

図5

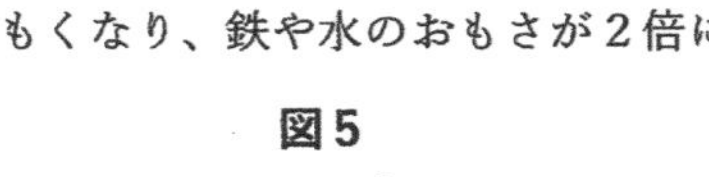

問４　日本列島では南から北に向かって、特徴的な植物からなる森林がみられます。その代表的なものとして、亜熱帯多雨林、照葉樹林、夏緑樹林、そして針葉樹林があります。これらの分布は、その地域の平均気温が深く関わっているため、近年の温暖化の影響でこれらの森林の分布が変化する可能性があります。その地域にどのような森林が分布するかは、「暖かさの指数(以下WI)」で決めることができます。WIは、１年の中で月平均気温が５℃を超える月だけ取り出し、各月の平均気温から５℃を差し引いた値を、１年間分合計した値です。**表１**は、WIをもとにした、日本にみられる森林の名称を示したものです。また**表２**は、日本のある地域における月別平均気温を示したものです。以下の問いに答えなさい。

表１

暖かさの指数(WI)	森林の名称
180＜WI≦240	亜熱帯多雨林
85＜WI≦180	照葉樹林
45＜WI≦85	夏緑樹林
15＜WI≦45	針葉樹林

表２

月	1	2	3	4	5	6	7	8	9	10	11	12
平均気温(℃)	−6.4	−6.1	−1.8	3.5	7.8	11.5	15.5	17.6	15.2	9.8	3.5	−2.1

①　**表２**から、この地域のWIの値を求めなさい。ただし、答えは小数第一位を四捨五入して答えなさい。また、この地域にみられる森林の名称を**表１**から選び、答えなさい。

②　温暖化によって、**表２**の平均気温が現在より全ての月で X ℃以上高くなったとき、この地域の森林の名称が変わることがWIの値からわかります。X にあてはまる数値を下の≪　≫から選び、答えなさい。ただし、Xは最小の値を選ぶこととします。

≪　5.0　・　5.5　・　6.0　・　6.5　・　7.0　≫

問6　下の**ア～エ**のグラフは1970年、1980年、2010年、2017年のいずれかの日本のエネルギー消費量の割合を示したものである。古い順に並べて記号で答えなさい。

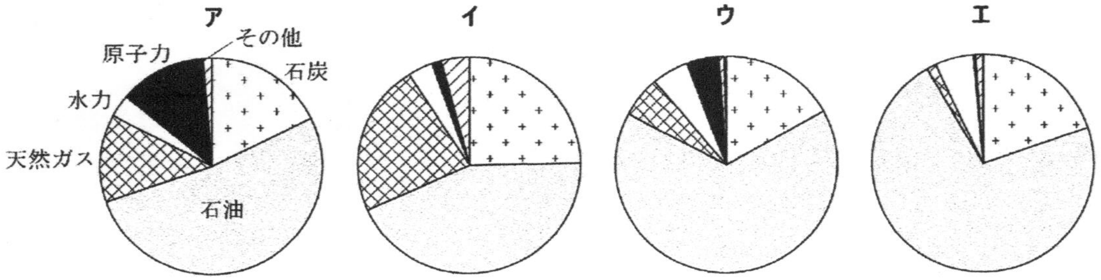

問7　日本の地名を示した以下の**ア～カ**を、共通した点を持つ3つずつの2グループにわけて記号で答えなさい。

ア　小笠原諸島　　**イ**　沖ノ島　　**ウ**　富士山　　**エ**　知床　　**オ**　屋久島　　**カ**　紀伊山地

5 下の各問いに答えなさい。

問１　情報技術の発展は生活を便利にしているが、次の4つの業種に大きく関連する情報技術を**ア～オ**からそれぞれ選んで、記号で答えなさい。

１　観光業　　２　販売業　　３　福祉産業　　４　運輸業

ア　POSシステム　　**イ**　GPS　　**ウ**　ライブカメラ　　**エ**　SNS　　**オ**　見守りシステム

問２　国の大部分が日本より（1）暑い国、（2）寒い国、（3）どちらもある程度ある国、に分類して記号で答えなさい。

ア　タイ　　**イ**　スウェーデン　　**ウ**　中国　　**エ**　ガーナ　　**オ**　ロシア　　**カ**　アメリカ

キ　ブラジル

問３　**地図2**中の①～⑨の場所のうち、昔から工業がさかんな地域をすべて選んで記号で答えなさい。

問４　日本政府が領土問題はないと主張しているが、他国が自国の領土だと主張する場所を**地図2**中の**A～D**から選んで記号で答えなさい。

問５　下のグラフと**地図2**を見て、札幌と軽井沢の気温があまり変わらない理由を説明しなさい。

地図2

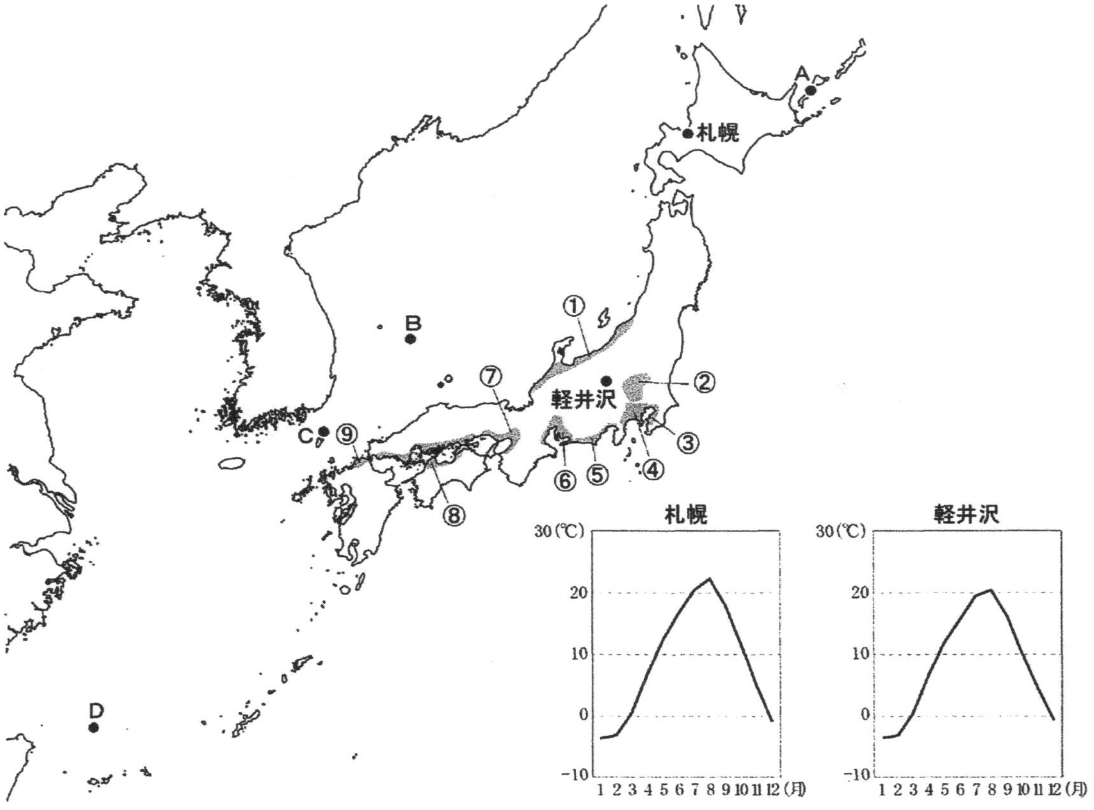

1　**地図1**の色がついている国の中で日本が衣類を多く輸入している国を2つ選んで国名を答えなさい。

2　**地図1**の色がついている国の中で日本が医薬品を多く輸入している国を2つ選んで国名を答えなさい。

3　**地図1**の色がついている国の中で日本が原油を多く輸入している国を2つ選んで国名を答えなさい。

4　**地図1**の色がついている国の中で日本の輸入額が多い上位2か国の国名を答えなさい。

問4　文中の（　**1**　）にあてはまる国名と、（　**2**　）にあてはまる災害の名称を答えなさい。

4 次の文章を読んで、下の各問いに答えなさい。

農林水産省は８月に2019年の①食料自給率を発表し、カロリーベースの食料自給率が38%になったことを明らかにしたが、同時に発表された品目別自給率に関係者の関心が集まっている。品目別自給率と共に、飼料自給率を加味した品目別カロリーベース自給率も大幅に下落している。国内で飼育されている②牛・豚・鳥は、その飼料のほとんどを輸入飼料に依存している。仮に100%輸入飼料で肥育された家畜は、その自給率はカロリーベースでは０%となる。③輸入飼料の途絶はあり得ないとする見解もあるが、輸入飼料のほとんどが（　**1**　）産トウモロコシであり、その生産は地球温暖化の影響を受けている。大型（　**2**　）による水害や高温化による被害などで、生産が不安定化している。さらに、（　**1**　）の農業は移民労働者に依存しており、新型コロナウイルス蔓延による移動制限で労働者の確保も難しくなっている。それだけに、（　**1**　）産トウモロコシへの依存度が極端に高い状態は危険である。

問１　下線部①について、下の表は100%に近い食料自給率である米の作業カレンダーである。表中の**C**にあてはまる作業を、次の**ア**～**カ**から1つ選び、記号で答えなさい。

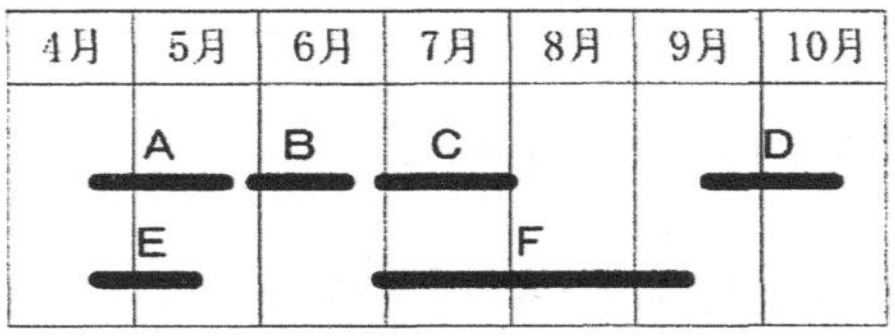

ア　稲かり　　**イ**　除草　　**ウ**　田おこし・しろかき　　**エ**　水の管理　　**オ**　田植え
カ　肥料をまく

問２　下線部②について、肉牛を生産する時に情報を記録しインターネットで公開するしくみを何というか。カタカナで答えなさい。

問３　下線部③について、次の問いに答えなさい。

地図1

問５　下線部④について、ここには世界文化遺産に登録されている、阿弥陀仏を置いた建物がある。この建物の名称を答えなさい。

問６　下線部⑤が開いた幕府を含めて、歴史上3つの幕府が成立したが、それらの幕府の中心地を白地図上の**ア～カ**の位置から選び、年代の古い順番に答えなさい。

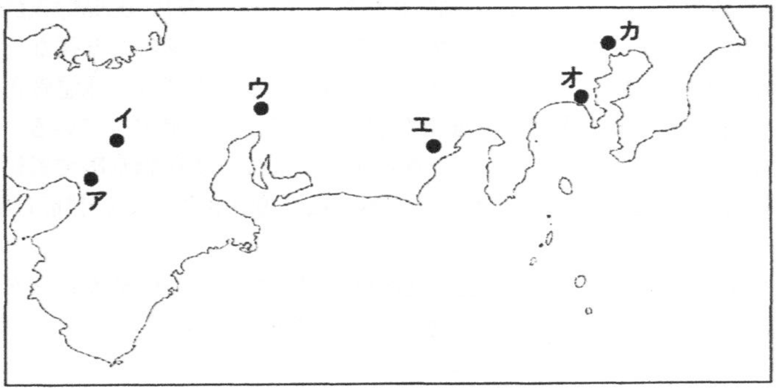

問７　下線部⑥を何と言うか、漢字4字で答えなさい。

問８　下線部⑦について、この条約は下の**ア・イ**の２点について、日本にとって不利であると考えられる。どのように不利なのか、それぞれ説明しなさい。

ア　日本に関税自主権がないこと。

イ　アメリカの領事裁判権を認めたこと。

問９　下線部⑧について、日本が得た領土の中で、ロシアなどの干渉によって中国に返還した場所を答えなさい。

問10　下線部⑨の後、世界の平和と安全を守るために、アメリカの大統領の提案でつくられた組織を答えなさい。

問11　下線部⑩について、日本が参戦した理由は、ある国と同盟を結んでいたためである。この国の名称を答えなさい。

問十

二

問一
ⓐ
ⓑ
ⓒ
ⓓ
ⓔ しい

問二
A
B
C
D

問三

問四

問五

問六
(1) に対して、野口っちが
(2) から。

問七

問八

問九
〜

問一．２点×５
問二．３点×４
問三．４点
問四．４点
問五．４点
問六．⑴５点
⑵４点
問七．５点
問八．７点
問九．５点

2021年度　志學館中等部

入学試験問題　解答用紙　算数

1

(1)	(ア)		(イ)		(ウ)		
(2)	人	(3)	と	(4)	通り		
(5)	点	(6)	度				
(7)	%以上　%以下	(8)	cm^2				

2

(1)	日	(2)	日	(3)	日

3

(1)	種類	(2)	種類	(3)	

【解答用

1

問1	①		②	
問2	①	cm³	②	g
問3				
問4		問7	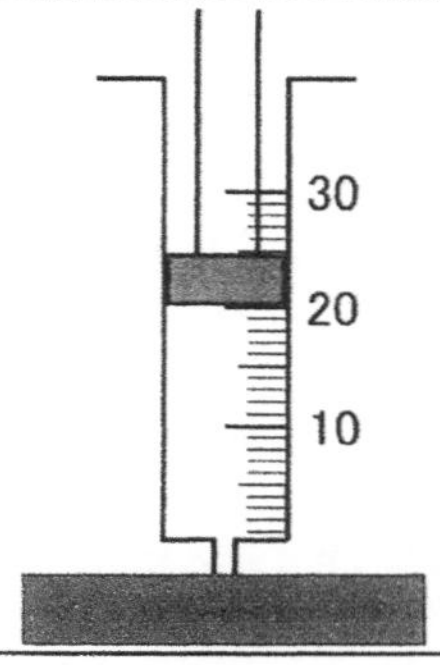	
問5				
問6				
問8		問9		
問10				
問11				

2021年度　志學館中等部　入学試験　解答用紙　【社 会】

1

問1		問2		問3	
問4		問5		問6	

2

問1		問2		問3	
問4	裁判所	問5			

3

問1	(1)		(2)		(3)	
	(4)		(5)		(6)	
	(7)					
問2						
問3						
問4		問5		問6		
問7						
問8	ア					
	イ					
問9		問10		問11		

4

問1		問2	

問3	1		
	2		
	3		
	4		
問4	(1)		(2)	

5

問1	1		2		3	
	4					
問2	(1)		(2)		(3)	

問3		問4	
問5			
問6			
問7			

受験番号		名前		得点	※80点満点 (配点非公表)

2

問1			問2	
問3	①		②	
	③			
	④		⑤	
問4	①	値：	名称：	
	②			

3

問1	①		②		③	
	④		⑤			
問2						
問3	個	問4	g			

受験番号		名前		得点	※80点満点 (配点非公表)

4

(1)	cm^3	(2)	cm	(3)	cm

5

(1)	(ア)	
	(イ)	度
(2)		と

受験番号		名前	

得点	※120点満点 (配点非公表)

二〇二一年度　志學館中等部

入学試験問題　国語　解答用紙

受験番号

名前

※120点満点

一

問一

ⓐ

ⓑ

ⓒ

ⓓ

ⓔ

問二

問三

⑴

一

即

⑵

問四

問五

問六

問七

問八

問九

問一.　２点×５
問二.　２点
問三.　２点×２
問四.　４点
問五.　４点
問六.　８点
問七.　８点
問八.　８点
問九.　４点
問十.　８点

3 次のⅠ～Ⅶの文章を読んで、下の各問いに答えなさい。

Ⅰ　大陸から米の栽培方法が伝わり、各地に広まりました。人々は水田の近くに①収穫した米を貯蔵するための（　1　）を建て、②大きな集落をつくって生活するようになりました。

Ⅱ　③日本の朝廷の求めに応じて、正しい仏教の教えを広めるために、中国から日本に渡って来た（　2　）は何度も航海に失敗し苦労の末に日本にたどり着き、仏教の発展に貢献しました。

Ⅲ　有力な武士同士の争いに勝利し、11世紀半ばから東北地方の④平泉を中心に繁栄していた（　3　）氏は、源義経をかくまったことを理由に⑤源頼朝に滅ぼされてしまいました。

Ⅳ　織田信長を倒した（　4　）を討ち取った豊臣秀吉は、各地の大名を従えて、全国統一を成しとげました。秀吉は国内の統治を進めるために、⑥田畑の耕作者や面積・良し悪しや収穫量を調査し、年貢の額を定めました。

Ⅴ　18世紀の終わりころから、日本の近海に外国の船が近づくようになり、幕府もその対応に苦労しました。アメリカの要求により日本は（　5　）年に日米和親条約、1858年に⑦日米修好通商条約を結びました。

Ⅵ　19世紀の後半に、改革によって近代的な国づくりを進めてきた日本は、朝鮮半島へ勢力を広げようとして、中国と対立し、1894年に（　6　）が起こりました。日本は各地で行われた戦争に勝利し、有利な条件で⑧講和条約を結びました。

Ⅶ　⑨第一次世界大戦がおこると、⑩日本もこの戦争に加わり、戦勝国の一つになりました。戦争中に日本の（　7　）工業は成長し、輸出も増えて日本は好景気になりました。

問1　（　1　）～（　7　）に当てはまる語句または数字を答えなさい。

問2　下線部①について、米を収穫するために使った写真のような道具を何というか、漢字で答えなさい。

問3　下線部②について、大きな集落が造られるようになった理由を考え、30字程度で答えなさい。

問4　下線部③について、このころの朝廷は聖武天皇によって治められていたが、この天皇の時代におこった出来事として、誤っているものを次の**ア～オ**から1つ選び、記号で答えなさい。

ア　平城京へ都が移された。
イ　墾田永年私財法がだされ、開墾した田の私有が認められた。
ウ　大仏をつくる命令が出された。
エ　伝染病が流行し、人々を苦しめた。
オ　九州で貴族の反乱がおこり、朝廷が動揺した。

問４　国会では、ふさわしくない裁判官をやめさせるかどうかを決めるための裁判所を設けることができる。この裁判所を何というか。解答欄に従って、漢字2字で答えなさい。

問５　次の表は、内閣法案（内閣が作成した法案）と議員法案（国会議員が作成した法案）の国会への提出数とその成立数をまとめたものである。この表から読みとれることとして正しいものを次の**ア〜エ**のうちから１つ選び、記号で答えなさい。

ア　内閣法案は、平成25年と平成29年を比べると提出件数、成立件数ともに減少しており、法案成立率が下がっている。

イ　５年間の提出件数の合計は、議員法案より内閣法案が上回っている。

ウ　５年間のうち法案の成立率が60％を超えた年がある。

エ　法案の成立率は、いずれの年も内閣法案が議員法案を上回っている。

	内閣法案		議員法案		合計	
	提出件数	成立件数	提出件数	成立件数	提出件数	成立件数
平成29年	75	71	164	12	239	83
平成28年	75	68	198	31	273	99
平成27年	75	66	72	12	147	78
平成26年	112	100	107	29	219	129
平成25年	98	83	126	20	224	103
合計	435	388	667	104	1102	492

2　下の各問いに答えなさい。

問１　衆議院と参議院に分かれそれぞれ慎重に審議を行い、予算や法律を決めていくしくみを何というか。漢字３字で答えなさい。

問２　予算の成立過程を表した図として正しいものを次の**ア**～**エ**のうちから１つ選び、記号を答えなさい。

ア

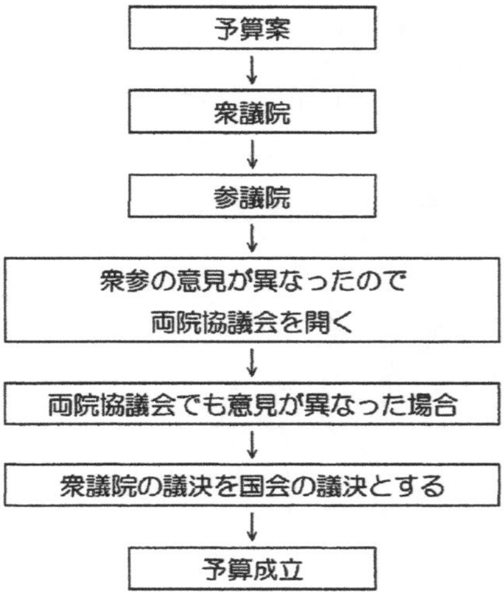

イ

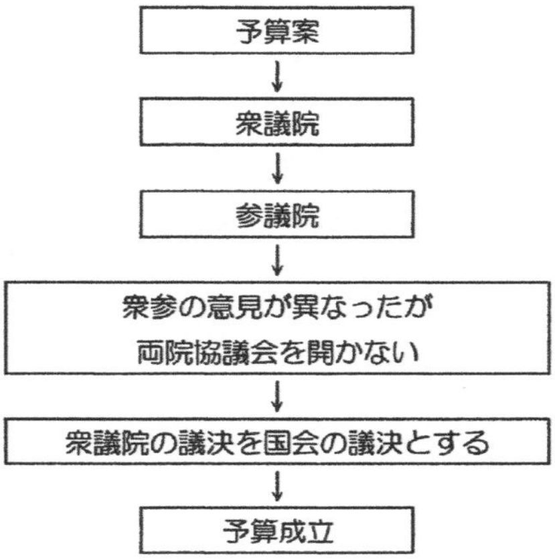

ウ

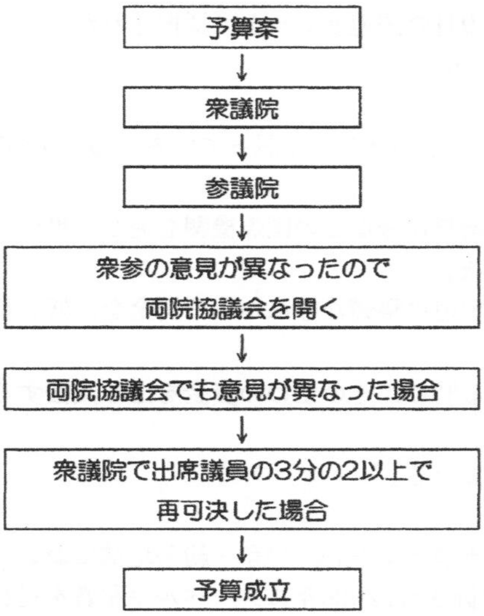

エ

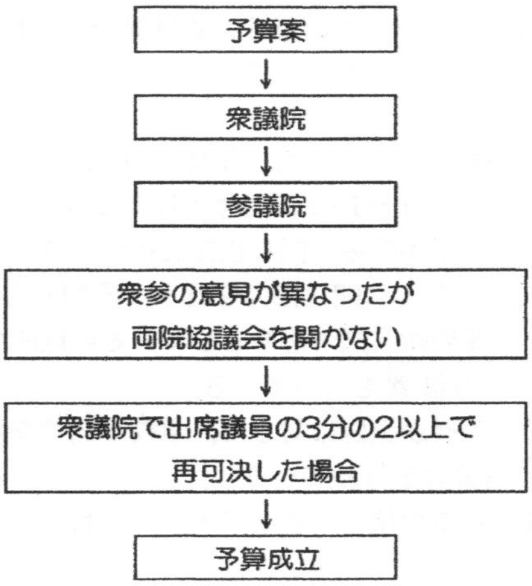

問３　国会では、審議にあたり学識経験者等をまねき意見を聴く会議を開くことがある。この会議を何というか。漢字３字で答えなさい。

問４　下線部④について、世界が抱える貧困や紛争、環境問題等の課題の解決に向けた17のゴール・169のターゲットで構成される世界全体の目標が2015年9月の国連サミットで採択された。この目標のことを何というか、アルファベット４字で答えなさい。

問５　下線部⑤について、日本のODAのあり方についての説明文として誤っているものを次の**ア〜エ**のうちから１つ選び、記号で答えなさい。

ア　日本が相手の国に直接支援することはできず、国際連合などの国際機関を通じて世界の国々といっしょに開発協力を行う多国間協力を行っている。

イ　開発途上国が必要としている発電所の建設や下水道の整備などにかかる資金を、低い利子で貸す円借款《えんしゃっかん》を行っている。

ウ　開発途上国に対して，学校や病院を建てたりする時に，そのための資金を出し支援する無償資金協力を行っている。

エ　日本の技術を教えてその国の自立と発展を助けている。

問６　飢餓と戦う努力、紛争地域での平和にむけた環境改善への貢献、戦争・紛争地域において飢餓が武器として悪用されることを予防する活動などが評価され、2020年にノーベル平和賞を受賞した国際連合の機関はどこか。次の**ア〜エ**のうちから１つ選び、記号で答えなさい。

ア　核兵器廃絶国際キャンペーン　　**イ**　アムネスティ・インターナショナル

ウ　国境なき医師団　　**エ**　世界食糧計画

1　次の文章を読んで、下の問いに答えなさい。

著作権に関係する弊社の都合により省略いたします。

教英出版編集部

※本文中の下線部

①開発途上国

②感染症の蔓延

③紛争問題の深刻化

④世界中のすべての人々がより良く生きられる未来を目指し、人類共通の課題に取り組むこと

⑤政府開発援助（ODA）

(JICAのHPから)

問１　下線部①について、主に北半球に位置する先進国と南半球に位置する開発途上国の間にある経済格差をはじめ、そこから生まれる貧困や教育、政治などの解決すべき問題を何というか。漢字４字で答えなさい。

問２　下線部②について、各国と協力して感染症対策などを行い、すべての人々の健康を増進し保護するために1948年に設立された国際機関は何か。次の**ア**～**エ**のうちから１つ選び、記号で答えなさい。

ア　WTO　　**イ**　WHO　　**ウ**　UNICEF　　**エ**　UNESCO

問３　下線部③について、次の地域紛争についての説明**A**～**C**と、右ページの地図中**X**～**Z**の国との組み合わせとして正しいものを、下の**ア**～**カ**のうちから１つ選び、記号で答えなさい。

A　この国の政権に対する民主化を求める運動が、政府軍と反政府勢力との間の内戦に発展し、内戦から逃れるために多くの難民が発生している。

B　この国は、2011年に分離独立を達成し国際連合にも加盟したが、その後再び内戦状態となった。

C　この地域では、2014年に実施された住民投票で、本国から独立し隣接する大国への編入を支持する意見が多数を占めたことに乗じてその大国がこの地域を編入した。

ア　A－X　B－Y　C－Z
イ　A－X　B－Z　C－Y
ウ　A－Y　B－X　C－Z
エ　A－Y　B－Z　C－X
オ　A－Z　B－X　C－Y
カ　A－Z　B－Y　C－X

2021年度志學館中等部入学試験問題

社会

（40分）

【 受験上の注意 】

1．試験開始の合図があるまで,この問題冊子の中を見てはいけません。
2．解答は、この冊子の間にはさんである解答用紙の解答欄の枠内に収まるように全て記入しなさい。
3．この問題冊子と解答用紙には、受験番号・名前を必ず記入しなさい。
4．字数制限のあるものは、原則として句読点「　」も一字に数えます。（指示のあるものは除く。）
5．メモや計算は、問題冊子の余白を利用しなさい。

受験番号		名　前	

志學館 中等部 高等部
SHIGAKUKAN junior high school senior high school

2 次の文章は、9月の始業式の日のカンタとユイの会話の一部です。これを読んで、下の各問いに答えなさい。

カンタ ：夏休みはペルセウス座流星群を見ようと思っていたけど、結局、1つも流星を見ることができなかったよ。
ユイ ：いつ頃がピークだったの？
カンタ ：8月12日の深夜と聞いていたから、その日は深夜1時から3時頃まで起きて、ずっと夜空を見ていたんだけどな。
ユイ ：街の明かりで、見つけにくかったのかもしれないね。
カンタ ：うん。でも、全天で見られると聞いていたから、家からでも大丈夫だと思っていたんだ。次に流星群を見るときは、事前に観察に良い場所を調べておくことにするよ。
ユイ ：それがいいね。
カンタ ：それにしても、相変わらず毎日暑くてしんどいね。
ユイ ：そうだね。この暑さが原因かどうかわからないけど、最近は毎年のようにあちらこちらで豪雨災害が起きているよね。そういえば、豪雨災害が起こった場所では、必ずと言っていいほど、線状降水帯が発生しているらしいよ。
カンタ ：線状降水帯？
ユイ ：豪雨をもたらす降水域のことよ。
カンタ ：線状降水帯ってこれまでほとんど聞いたことなかったから、やはり温暖化の影響の可能性があると思うな。確か今年の夏は、鹿児島でも気温が38℃を超えて、最高気温を更新したはずだよ。
ユイ ：えーっ！わたしたちの体温より気温が高いなんて信じられないよ。

問1　カンタが流星群を見つけられなかった理由は、街の明かり以外に観察した時間の月の明かりが関係していると考えられます。今回観察した時間の月は「上弦の月」と「下弦の月」のどちらであった可能性がありますか。答えなさい。

問2　線状降水帯では、同じ場所にある雲が連続して発生することで強い雨が降り続けます。連続して発生する雲の名称を答えなさい。

問3　体温より気温が高くなると体温調節がうまくはたらきません。その理由を説明した以下の文章中の①～⑤に入る適切な語句を、それぞれ選んで答えなさい。

汗をかくと、水分が蒸発するときに周りの温度が①（上がる・下がる）ため、体温を②（下げる・上げる）ことができます。しかし、熱は温度の③（高い方から低い方・低い方から高い方）へ移動するため、体温より気温が高くなると、体内の熱が体外へ移動④（しやすく・しにくく）なり、体温は下がり⑤（やすく・にくく）なります。

問７　**図３**のように空気と水を入れた注射器をゴム板に立てて、上からピストンを押し、ピストンの位置を30cm^{3}から20cm^{3}に下げました。このときの水面の位置を、解答用紙の図に書き入れなさい。

図３

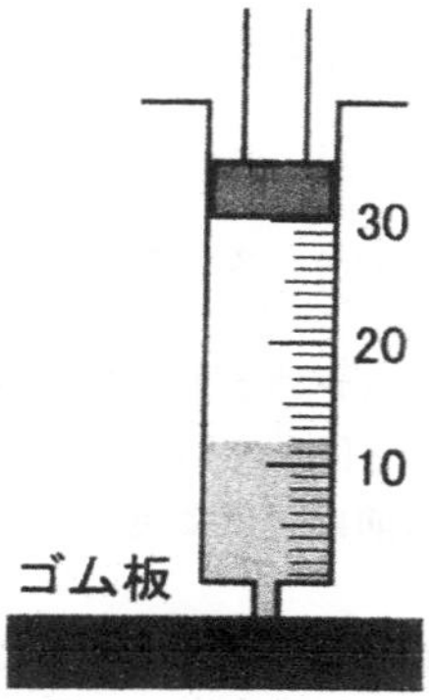

問８　軽くて曲がらない長さ60cmの棒の中央に糸をつないでつるしたら、棒は水平になりました。棒の左端に20g、右端に10gのおもりをそれぞれつるしたところ、棒は一方に傾きました。おもりをつるした棒を水平にするには、中央の糸の位置を、左右どちらに何cm動かせばよいですか。

問９　**図４**の**ア**～**エ**のうち、ミョウバンを水にとかすときの「水の量」（横じく）と「とけるミョウバンの量」（たてじく）の関係を示したグラフはどれですか。正しいものを選び記号で答えなさい。

図４

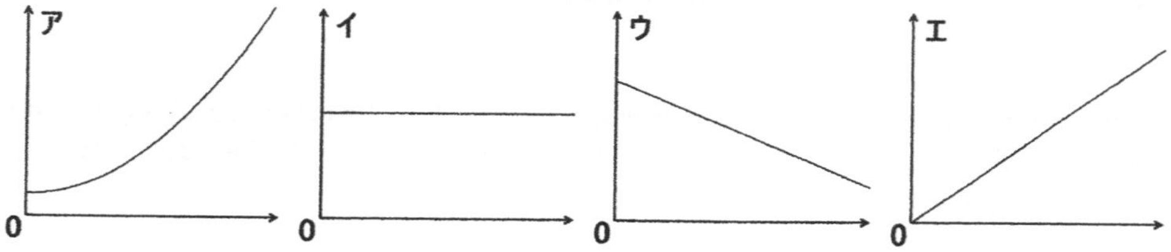

問10　こん虫の育ち方は、チョウやカブトムシのような「完全変態」、バッタやトンボのような「不完全変態」に分けられます。チョウやカブトムシは、バッタやトンボとどのような育ち方の違いがありますか。簡単に説明しなさい。

問11　炭酸水とうすいアンモニア水をそれぞれスポイトでスライドガラスに数滴落とし、自然に蒸発させると何も残りませんでした。その理由を簡単に答えなさい。

1 次の各問いに答えなさい。

問１　次の文章中の［　①　］にあてはまる適当な語句を答えなさい。また、②は【　　】の中の語句より選びなさい。

　メスシリンダーを使うと液体の［　①　］を正確にはかり取ることができます。はかり取るときには、液面のへこんだ下の面を②【真上・ななめ上・真横・ななめ下・真下】から見て目盛りを読みとります。

問２　高さ10cm、幅８cm、奥行き12cmの容器があります。以下の問いに答えなさい。ただし、容器の厚さは考えないものとします。

①　この容器に、容積の７割の油を入れました。容器の中の油の体積は何cm^3ですか。

②　①の油のおもさは604.8gでした。同じ油５cm^3のおもさは何gですか。

問３　次のうち、混ぜあわせたときに気体が発生する組み合わせをすべて答えなさい。ただし、熱を加えないものとします。

うすい塩酸　　オキシドール　　食塩　　水酸化ナトリウム水溶液
二酸化マンガン　　石灰石

問４　2020年５月、史上初の「民間宇宙船による有人宇宙飛行」を果たした宇宙船「クルードラゴン」は、地上から約400km上空に建設された有人実験施設へ、人を輸送することを目的にしています。この施設は、ISSと呼ばれます。この施設の正式名称を答えなさい。

問５　**図１**の**ア**～**エ**は志學館中等部の校庭にある木の影を示しています。午後3時の影として正しいものを記号で答えなさい。

図１

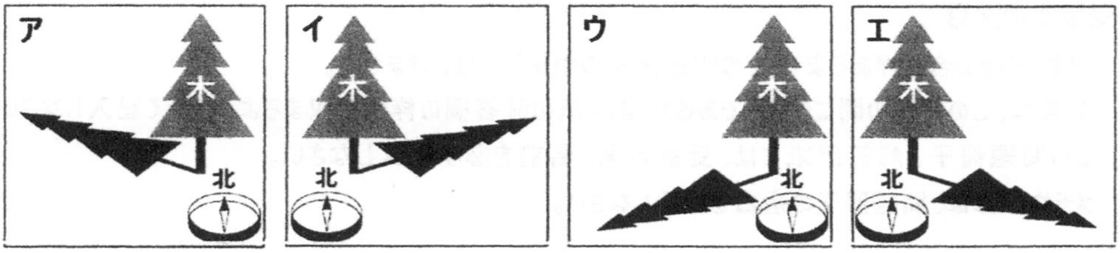

問６　**図2**の矢印で示した器具の名称を答えなさい。

図２

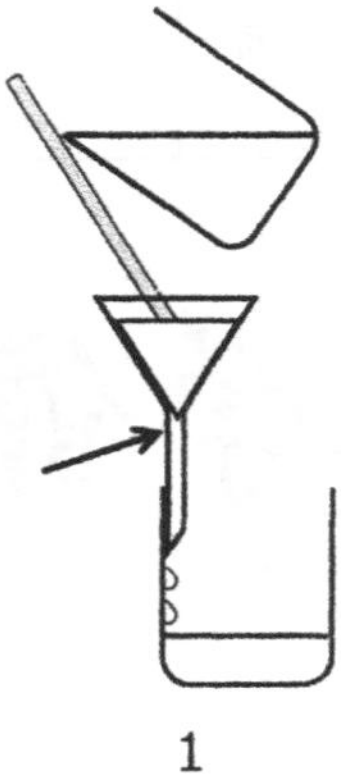

2021年度志學館中等部入学試験問題

理科

（40分）

【 受験上の注意 】

1．試験開始の合図があるまで、この問題冊子の中を見てはいけません。
2．解答は、この冊子の間にはさんである解答用紙の解答欄の枠内に収まるように全て記入しなさい。
3．この問題冊子と解答用紙には、受験番号・名前を必ず記入しなさい。
4．メモや計算は、問題冊子の余白を利用しなさい。

受験番号		名　前	

志學館 中等部 高等部
SHIGAKUKAN junior high school senior high school

2 ヤギ，ヒツジ，ウシが1頭ずついます。ヤギが21日で食べる草の量と，ヒツジが28日で食べる草の量は同じであることが分かっています。また，ヤギ，ヒツジ，ウシの3頭が6日で食べる草の量と，ウシが13日で食べる草の量は同じであることも分かっています。このとき，次の問いに答えなさい。

(1) ヤギが21日で食べる草の量を，ヤギ，ヒツジの2頭が食べると何日かかりますか。

(2) ヤギが21日で食べる草の量を，ウシが食べると何日かかりますか。

(3) ある量の草が入っている小屋があります。小屋には，毎日，決まった量の草を追加します。この小屋にヤギだけを入れると10日で草はなくなります。同じ条件でヒツジだけを入れると15日でなくなります。ウシだけを入れると何日で草はなくなりますか。

3 下の計算式は，左から3，2，1の数字が並んでおり，**ア**，**イ**の部分に計算記号「＋」「－」「×」「÷」のいずれかを入れて計算し，その計算結果を**ウ**の部分に入れます。ただし，**ア**，**イ**の部分に同じ計算記号を入れてもよいものとします。このとき，次の問いに答えなさい。

計算式

3 [ア] 2 [イ] 1 ＝ [ウ]

(1) **ウ**に入る数は何種類ありますか。同じ数は1種類として数えるものとします。

(2) **ウ**に入る数が整数となるのは何種類ありますか。同じ結果は1種類として数えるものとします。

(3) 次の①～④の中で，**ウ**に入る数が小数となるものをすべて選びなさい。

① **ア**は「÷」で，**イ**は何でもよい

② **イ**は「÷」で，**ア**は何でもよい

③ **ア**も**イ**も「÷」

④ どのような場合も小数にはならない

＊　計算用紙

1 次の各問いに答えなさい。

(1) 次の計算をしなさい。

(ア) $35\times0.2+25\times1.2$

(イ) $14.4\times\left(\frac{1}{6}-\frac{1}{8}\right)-3\div5$

(ウ) $121\times11\div11-1\times2\div1+1\div2\times1$

(2) 小学6年生の73人に国語と算数のテストをしたところ，国語の合格者は45人，算数の合格者は39人です。また，両方とも不合格の児童は9人です。このとき，算数だけ合格している児童は何人ですか。

(3) たして17，かけて72になる2つの整数を答えなさい。

(4) 0，1，2，3が書かれた4枚のカードの中から3枚選んで3けたの整数をつくるとき，2の倍数でも3の倍数でもない整数は何通りつくれますか。

(5) ある日，A，B，C，D，Eさんが算数のテストを受けたところ，平均点は86点でした。Fさんは欠席していたため，翌日同じ算数のテストを受けたところ，92点でした。このとき，6人の算数のテストの平均点は何点になりますか。

(6) 右の図は，1組の三角定規《じょうぎ》を重ねておいたものです。㋐の角の大きさは何度ですか。

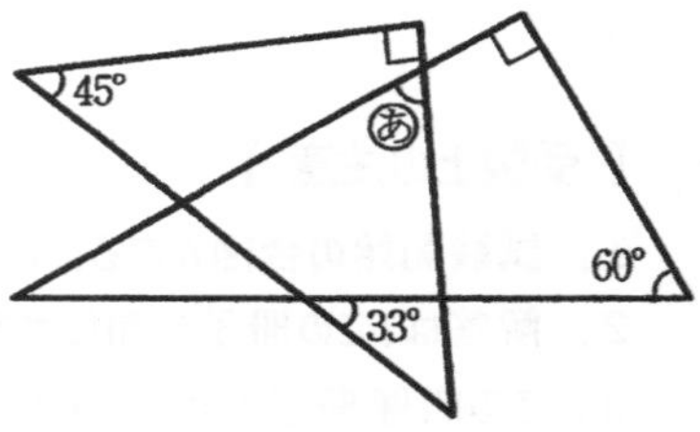

(7) 10％の食塩水150gと水90g，食塩40gがあります。これらを混ぜ合わせて250gの食塩水をつくるとき，何％以上何％以下の食塩水ができますか。

(8) 右の図の斜《しゃ》線部分の面積を求めなさい。ただし，点Oを図の円の中心とし，円周率は3.14として計算しなさい。

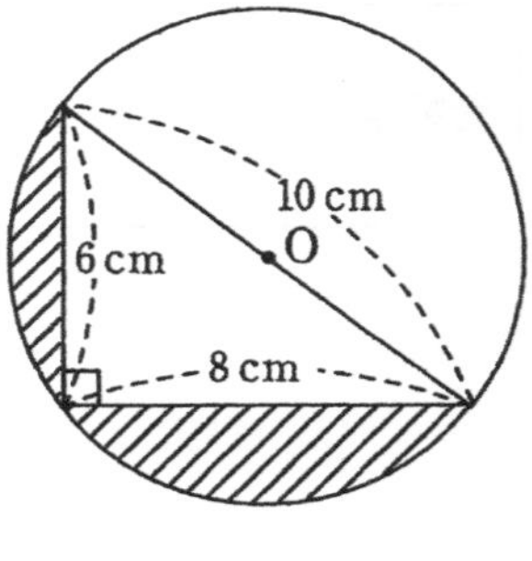

2021年度志學館中等部入学試験問題

算数

（60分）

【 受験上の注意 】

1．試験開始の合図があるまで、この問題冊子の中を見てはいけません。
2．解答は、この冊子の間にはさんである解答用紙の解答欄の枠内に収まるように全て記入しなさい。
3．この問題冊子と解答用紙には、受験番号・名前を必ず記入しなさい。
4．メモや計算は、問題冊子の余白を利用しなさい。

受験番号		名　前	

志學館 中等部 高等部
SHIGAKUKAN junior high school senior high school

【二】次の文章を読んで、後の問いに答えなさい。

著作権に関係する弊社の都合により
本文は省略いたします。

教英出版編集部

著作権に関係する弊社の都合により
本文は省略いたします。

教英出版編集部

著作権に関係する弊社の都合により
本文は省略いたします。

教英出版編集部

著作権に関係する弊社の都合により
本文は省略いたします。

教英出版編集部

著作権に関係する弊社の都合により
本文は省略いたします。

教英出版編集部

（高原史朗『15歳、まだ道の途中』より）

※野口っち・・・野口純一先生　三年六組の担任で、生徒の間で呼ばれているあだ名。

※金子・・・後に登場するネコと同一人物（三年六組のクラスメート）。

※大縄・・・体育祭で中学三年生だけがおこなう、クラス対抗の競技。

問一　傍線部ⓐ～ⓔについて、カタカナは漢字に直し、漢字は読み方をひらがなで書きなさい。

問二　（Ａ）～（Ｄ）に入る言葉として適切なものを次の中から選び、記号で答えなさい。

ア　つまり　　イ　なぜなら　　ウ　でも　　エ　そして　　オ　だから

問三　傍線部①「驚いた顔」とあるが、同じ意味の慣用句を次の中から選び、記号で答えなさい。

ア　ハトに豆鉄砲　　イ　カエルの面に水　　ウ　泣きっ面にハチ　　エ　猫をかぶる

問四　傍線部（X）「はっとしたように」が係る言葉として適切なものを次の中から選び、記号で答えなさい。

ア　みんなが　　イ　一番後ろに　　ウ　座っている　　エ　高橋を　　オ　振り返った

問五　傍線部（Y）「劇的に」とあるが、本文中で使われている意味として適切なものを選び、記号で答えなさい。

ア　反射的に　　イ　急激に　　ウ　意図的に　　エ　緩慢に

問六　傍線部②「ほっとした空気が教室に流れた」とあるが、なぜ「ほっとした空気が流れた」のかを次のようにまとめた。空欄⑴・⑵に入る言葉をそれぞれ指定された字数で答えなさい。

［⑴　三十字以内］に対して、野口っちが［⑵　十字程度］から。

問七　傍線部③「野口っちは、ゆっくり、言葉を探すように話してる」とあるが、なぜそのように話したのか。最も適切なものを次の中から選び、記号で答えなさい。

ア　生徒に対して、自分の発言によって傷つくことが無いように言葉に配慮《はいりょ》しながら話しているから。
イ　生徒に対して、イライラしている気持ちを落ち着かせるために、あえてゆっくり話そうとしているから。
ウ　生徒に対して、自分の思いを整理しながら、それを伝えるために良い表現を考えて話そうとしているから。
エ　生徒に対して、話したいこと、伝えたいことを急に忘れてしまい、思い出しながら話そうとしているから。

問八　傍線部④「大事なことに気がついたよ」とあるが、先生が気がついた、「大事なこと」とは何か。四十字以内で答えなさい。

問九　傍線部⑤「もしかすると私の中で何かが変わったのかもしれない」とあるが、「私」が変わったのはどのようなことに気付いたからか。それが分かる一文の初めと終わりの五字を抜き出して答えなさい。

教英出版